不思議なワザが
解剖学や力学でわかる！

合気の答え

本眞正伝合気柔術岡本会代表
岡本 眞

BAB JAPAN

はじめに

日本伝合気柔術の岡本です。私はすでに大東流を学び始めてから36年が過ぎようとしています。その間、武田惣角《たけだそうかく》より免許皆伝を許された久琢磨《ひさたくま》師範に日本伝合気柔術の免許皆伝を受けた鶴山晃瑞《つるやまこうずい》伝を学んでいます。またそれ以外にも、山本角義《やまもとかくよし》伝や松田敏美伝、その他の大東流諸派の研究を続けてきました。

私が正式に道場で武術を学び始めたのは、池袋にある極真空手の本部道場が始まりです。その後、柔道やボクシング、中国拳法なども学びました。また武器術としての新陰流剣術や杖道や短棒など、浅山一伝流などの柔術等々。様々のものを手掛けたことが今に至り、合気の研究に役立っています。

この本では武術にとどまらず、ダンス技術や裏千家の茶道、あるいは礼法など身体を動かすのに必要な技術を含めて解説を試みています。

日本の運動文化は、世界でも一風変わったところに位置しています。例えば、お箸を使う食文化でも、その使い方は、筆の運筆などとともに日本の武術にも大きな影響を与えています。そのことはこの本の中で明らかにしたいと思います。

左から５人目より、山本角義、堀川幸道、武田時宗、鶴山晃瑞。

上の写真をご覧ください。鶴山師範が大東流を学んだ錚々《そうそう》たる師範方が並んでいます。武田惣角の息子、時宗師範。堀川幸道《ほりかわこうどう》師範。惣角の最後の弟子、山本角義師範などです。

大東流の様々な技術を学んだ鶴山師範は、多くの師範方と交流し、大東流を三つの技法群にまとめて世に明らかにしました。この本では、その技法群に則って解説をしています。

さあ、不思議な合気の世界、その原理と運用をぜひご覧ください。

本眞正伝合気柔術・岡本会代表　岡本 眞

CONTENTS

序章

合気、その永遠の謎

～何をもって合気というか～

合気という言葉、その定義

合気という言葉は大東流、合気道に限らず、不思議な現象が起きたことを指す言葉として取り上げられます。さらには合気剣や合気杖など武器術にも転用され、「触れ合気」などという言葉まで生まれています。しかし、その定義や、物理的な理屈が語られることはあまりありません。

私はこの書でできるだけわかりやすく「合気」を定義し、また技術論を明らかにすることにより、多くの合気系武術や武器術の修行者の役に立ちたいと考えています。

一般的に合気を語るのに、いろいろな方向からアプローチがされていますが、私の基本的な定義は、次の通りです。

「相手のバランスを、接触面を通して様々な技術でエネルギーを与えて崩し、それにより相手が我を頼ることになり、結果的にコントロールが可能となる」

これが最も簡単な定義となります。しかし、あまり簡単とはいえませんね。

さらにその簡単な定義だけではなく、それによりどのようなことが可能となるかを次に語ることになります。さらに、それをどのように実現するか、という技術的な問いに応えて、初めて合気を語る資格があるのです。

合気とは不思議な超能力？

実はそれだけなら簡単な種明かしは可能です。理解するだけなら10年も20年もかかるものではありません。合気とは超能力でも不思議な現象でもなく、また単純な梃子《てこ》を利用して相手を浮かせたり、落としたりするような力学的なものでもありません。

単純な物理学的な現象で、うまくやるのにそれなりの時間がかかるとしても何年やっても理解できないというものでもないのです。実際に私のお弟子さんたちからは「難しいです」「そんなにうまくはできません」という反応はあっても、「理屈がわかりません」「なぜ合気が掛かるのかわかりません」という反応は見受けられません。

なぜなら、私は他の指導者がやるように、あたかも手品を見せておしまいではなく、「今の手品のネタはこれですよ」という奇術師の種明かしという掟破りを行いながら指導しているからです。

さらにはYouTubeなどでも、惜しみなくそれを公開しています。見ただけではわからないという方には、「実際に身体に触れてください」「百聞は一見に如かずではなく、百見は一触に如かず、なのです。触れないと細部はわかりません」とお答えしています。

合気に対置する柔術とは？

「合気の術」を語る過程では、それに対置する「柔術」についてもその理屈と応用を語らねばいけません。手首を掴まれてそこから梃子を掛けて相手を崩すというのは、物理的な理屈の根幹を理解させるには良いのですが、実際の戦闘場面で自分が腕を出したら、敵がそれを掴んでくれるなどということは期待できません。

相手の手に触れた瞬間に合気が掛かり、それで相手を崩したり、上げたりできなければ現実

大東流中興の祖・武田惣角（左）と久琢磨

の戦いには役に立たないのです。

実際、合気道や大東流への批判の第一はそれです。「相手が掴んでくれるわけがない」のです。あれは掴んできた敵を制圧する技術ではないのです。また、たとえしっかり握られたとしても、技が掛かることが大事なのではありません。相手にちょっとでも触れたら合気がすでに掛かってしまっているという現象を、わかりやすく説明しているにすぎません。相手に握らせて「さあ、これから合気を掛けますよ」では間に合わないのです。相手と何らかの形で接触したら、もう合気が掛かってしまっている、というのが合気の本質です。

とはいえ、なぜ「合気」がこのように使われたのでしょうか。合気系の武術の偉大な先達である武田惣角が、表芸である一刀流だけでなく新陰流の技術を、合気道の創始者の植芝盛平翁《うえしばもりへいおう》にだけ伝授したらしいという久琢磨師範の情報が始まりです。

合気道開祖・植芝盛平

このことは別の章で詳述しますが、本来は剣術の用語であった「合気」という言葉が、なぜ体術にも使われたのかを示す一端でもあります。今の剣道や素肌剣術にはなくなり、本来は甲冑剣術であった柳生新陰流でさえもすたれてしまった技術が、本来は体術であったがゆえに大東流には残ったのではないかと考えると、驚きを感じます。

惣角は免許皆伝の久琢磨を含め30人の教授代理たちには教えず、植芝盛平だけには柳生新陰流の技術を伝え、その証として「進履橋」という新陰流の伝書を渡しています。そのような扱いは植芝翁だけだったのではないかと思われます。

惣角から体系だった剣術を学べたのは最後の教授代理である山本角義だけですが、残念ながら彼が学んだのは一刀流です。久琢磨は「大東流に新陰流系の技術があり、自分は習わなかったので研究せよ」と、日本伝合気柔術の免許皆伝を与える際に鶴山師範に委嘱しました。そのため、日本伝合気柔術では江戸伝系の新陰流を併伝として学ぶのです。

column

◎武田惣角は超能力者だった？

大東流・中興の祖、武田惣角については、あたかも神秘的な能力者のようなエピソードが語られます。旅館の男衆の前職が僧侶であったことを見抜いたとか、息子の時宗氏たちと話し込んでいた女性の頭がおかしいと二階からわかったとか、初めて会った人たちを偉い順に並ばせた、などの逸話です。

そしてそれを全部、「合気」を使って行ったと言っていたようです。

実はこれは、いわゆる修験道にある観相、察相の術の応用でしょう。いわゆる人相見のテクニックです。惣角と修験道の関わりはよく言われることで、その一部でも修めていれば難しいことではないのです。

今と違い、例えば江戸時代には、出自によって立ち居振る舞いが完全に違うので、どういう階層の出身かがわかりやすい時代でした。その後の明治・大正時代でも、まだまだ言葉遣いや所作で、出身、身分のあたりがつく時代でした。

特に僧侶はその動きが特徴的で、前身が僧侶であればわずかであっても、その癖は抜きがたいものであり、言い当てることは難しくなかったと思われます。

一階で息子と会話していた女性に、精神的な問題があることを二階で寝ていて喝破したことも、会話している同士では気づけないことも、音声だけで客観的に聞いていたことで、違和感に気づけたのではないかと思われます。修験道の行者が、精神的な問題を抱えている人を、狐憑《きつねつ》きと見破り、狐を落とす行法を施すのと同じレベルの話です。

初めて会った人たちを、職場での偉い順に並ばせたというのも、相互の会話や態度を注意深く観察していれば、上下関係を見定めることはたやすいことです。

これらは、惣角が身につけた、武術以外の修験道の修行の成果と思われます。

時宗氏は親戚の叔母さん連中に、惣角が壁抜けの術を持っているはずだから、教えてもらうようにと助言され、惣角に真偽を尋ねたところ、「へだい無し言うな（馬鹿なことを言うな）」とたしなめられた逸話があります。

まあ、惣角が超能力者だったかどうかは、意外とそんな逸話のとおりではなかったのではないかと思います。

合気の術という技術

この合気の術という技術の本質は、甲冑剣術で使う体術です。戦場で甲冑を着込んでいる武者を、刀でどう制すかという戦闘技術なのです。

第一に甲冑を着込んでいる相手はたやすく切れない。だから甲冑剣術での刀の役割は切ることではなく、相手に触れた刀を通じて体術の技術を使って崩し、具足の隙間から小さい刃物である小具足という小さい刃物や、千枚通し・鎧通しなどでとどめを刺す。そのための道具として刀を使うのが最も効率的なのです。

甲冑武者の戦いは、体勢を崩してから、隙間を攻める。

そのため「切る剣術」よりも「崩す剣術」が、戦場で使える技術となるのです。ここでは剣術と、小具足術という体術は表裏一体となります。

ちなみに、テレビや映画で鎧武者を刀でバッサバッサと切り捨てる映像がありますが、相手が軽武装である足軽ならいざ知らず、現実にはあり得ません。実際の戦場での致命傷は刀傷ではなく、遠距離からの弓矢あるいは印地打《いんじう》ち礫《つぶて》（投石）で、近接戦闘では槍や薙刀《なぎなた》などの傷であったことは、戦死者の骨の致命傷の研究などで明らかです。

源平時代前後の武士とは馬に乗り弓で戦う者であり、戦国時代前後では槍で戦う者であったのです。武士の誉《ほまれ》は「槍士《やりし》」と呼ばれることでした。

長く続いた戦国を終わらせ、大坂の陣で豊臣氏を滅ぼしてようやく統一政権を打ち立てた徳川政権が、元和偃武《げんなえんぶ》でいわば戦争放棄を打ち出して以後、甲冑や槍を捨て平和な時代に移行させようと、腐心しました。

例えば、戦国武士の「髭まん（髭自慢）」や「大髻《おおたぶさ》」の制限・禁止など、戦国武士の遺風を残した容姿への口出しや、佩《は》かないと携帯しにくい太刀を、定寸《じょうすん》という短い打刀《うちがたな》に変えさせて、腰に差すようにさせるなど、戦国の気風をどう一新させるかという涙ぐましい、重箱の隅をほじくるような口出しをして、戦闘技術者であった武士を、官僚に変えようとしたのです。

第1章

合気を掛ける技術

～繋がる、あずける、その術理とは～

まず合気の定義から

まず合気とは何か？　それはある「状態」です。繋がることが合気です。つまり繋がった瞬間に重心や軸をあずけあって共有化する「状態」が「合気が掛かった状態」なのです。合気が掛かった状態は、相互に双方向にエネルギーが通ってしまうような状態になっています。

それは、人が二足歩行という基本的に不安定であることが原因です。繋がる技術を使えば双方が自立をやめて互いにもたれあい、瞬時に四脚構造となり安定することを求めるのです。

合気が掛かれば、バランスを共有化してお互いの足を利用して「四つの足で立つ」という状

四脚構造

相手と一体になり、合計して四つの足で立った状態。

四つ足動物が立った状態のイメージ。

態を創り出し、安定するのです。

合気は「あずけあう状態」がなければ成立しません。これを「あずけ」と言います。これにより相手と一体化するのです。力を使って一方的に相手だけを不安定にさせるのは合気ではありません。

不安定から安定へ

安定した四つ足の構造でも、ひとたび軸が不足すると不安定になります。軸が一つ失われるとバランスが変わり、次に三脚構造に移行して両者とも安定しようとしますが、それが安定するまでは自分と相手の軸や重心が移動し続けます。そのため相手は浮き上がったり沈んだりするのです。

それが本当の合気上げや合気下げで、よく見られる梃子の力で持ち上げたり下ろしたりすることではありません。相手が勝手に上下する、横にズレてしまうのが「合気上げ・下げ」や「合気投げ」の本質です。

合気上げ

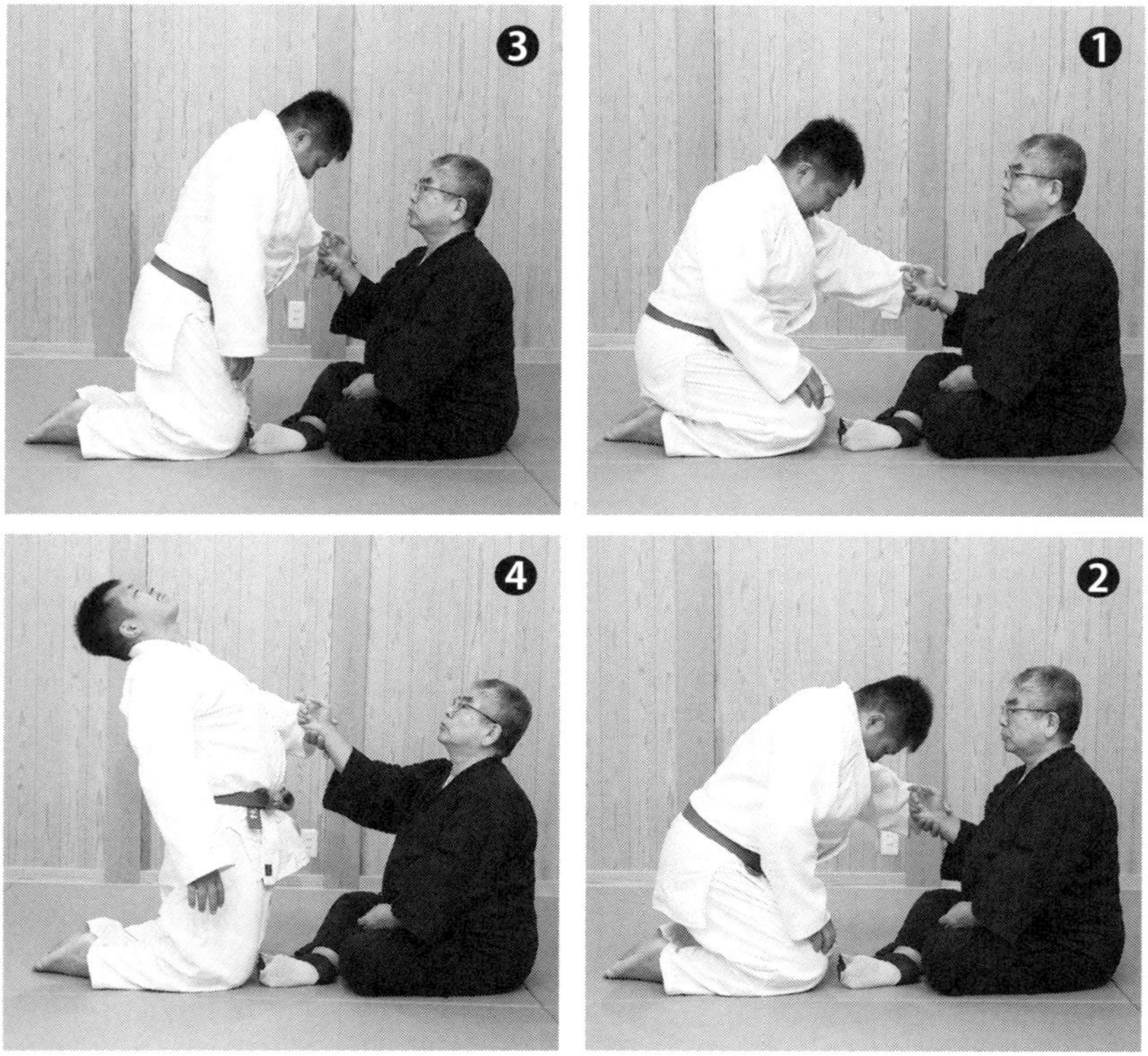

座り技でも、相手と自分が一体の四つ足状態にする。そうなれば、相手が勝手に浮き上がるような合気上げが可能。

そこでまず、どうやって四脚構造となるかです。

お互いが相撲のようにがっぷり組み合って四脚構造になったとしても、それは相手を崩すために押したり引いたりしているだけで、軸や重心は共有化されていません。一体化はしていないのです。

それでは先人たちが言う「あずけ」の形になっていません。自分が受け入れていなければ、相手は一体化しようとはしない。そのため、「争わない心」とか「相手を受け入れる」とかいうフレーズが出てくるのです。

そのためには、自分の重心が相手の重心と相対的に静止している状態が必要なのです。そこで次に、重心について述べましょう。

重心の位置を知る

頭の重心は、眉宇《びう》の奥と両方のこめかみの線の交点で固定されています。

胸の重心は、おおむね鳩尾《みぞおち》の奥にありますが、胸郭が肋間の伸び縮みや横隔膜の上下で空間

三つの重心

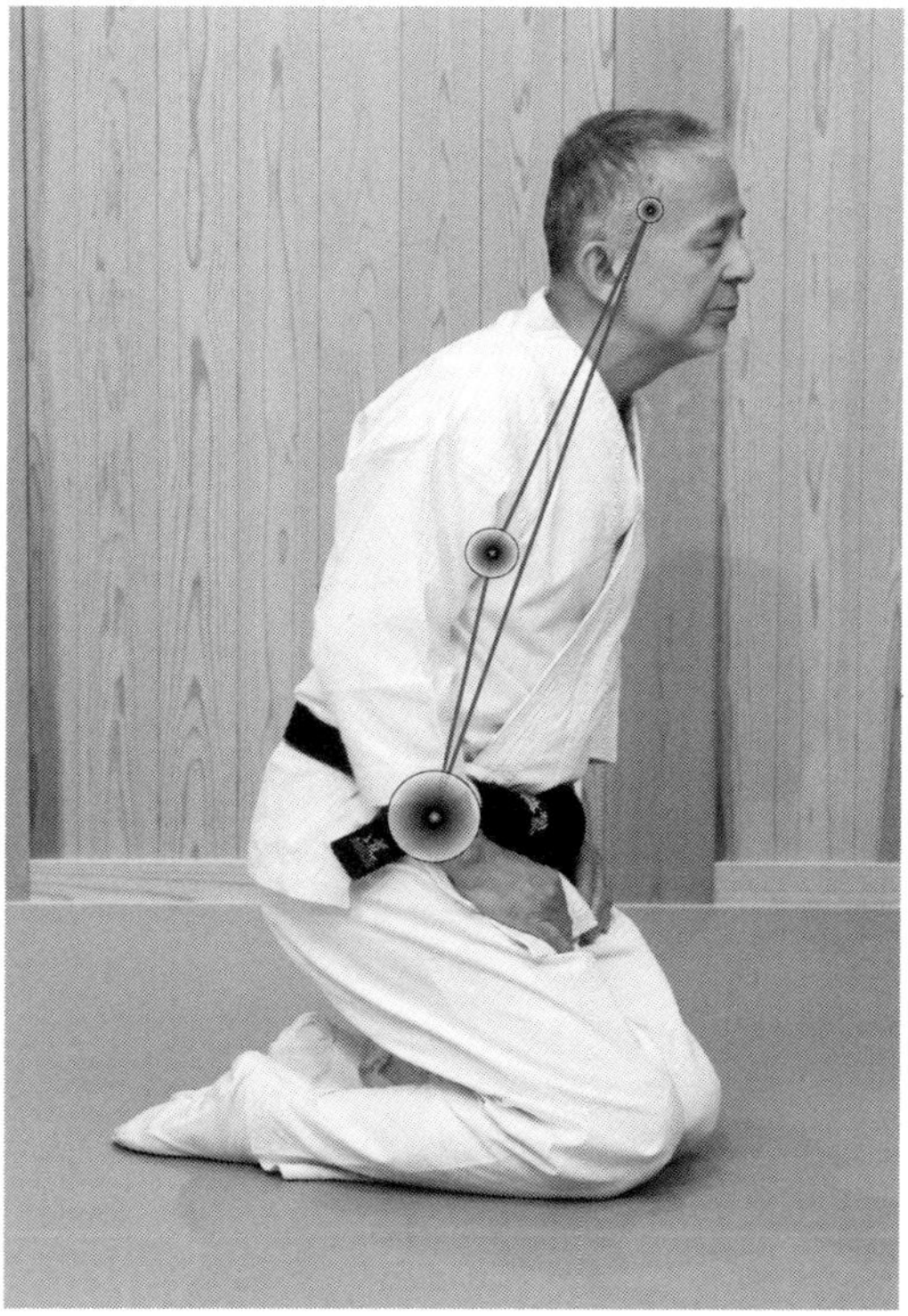

上半身の重心は、頭と胸と腹の三つの重心を結んだ薄い三角形を作っている。立ち上がるときは、頭の重心を斜め前に落としていく。

の形が変わるので、ゴルフボールくらいの空間内で動いています。

腹の重心は、腹腔の中で動き回るので、見出すのが困難です。

上半身の重心は、頭と胸と腹の三つの重心を結んだ薄い三角形を作っていますが、その三角形の形の変化でバランスを取っています。例えば、立ち上がるときは、頭の重心を斜め前に落とし、胸の重心を揚げてバランスを取り、腰が浮きます。その浮いた腰をそのまま前に動かして、立ち上がっていくのです。

その三角形の形が変わらないようにしていれば重心の揺らぎはなく、頭の重心の静止が可能となります。それにより、相手の頭の重心と自分の重心が共鳴する条件が整って、自分の重心を操作することで相手も静止させられるのです。

「あずけ」とは重心操作

このように「あずけ」とは、自分の重さを乗せることではありません。質量の中心である重心を相手の重心にあずけて、新しい重心の三角形を創り上げることなのです。

つまり重心をあずけるためには自分の重心の位置と、相手の重心の位置を把握して、その間の距離をしっかりと把握することが重要となるのです。

自分の身体の中の頭・胸・腹の重心で作る三角形の形を維持しながら、相手の三角形に自分

二つの三角形

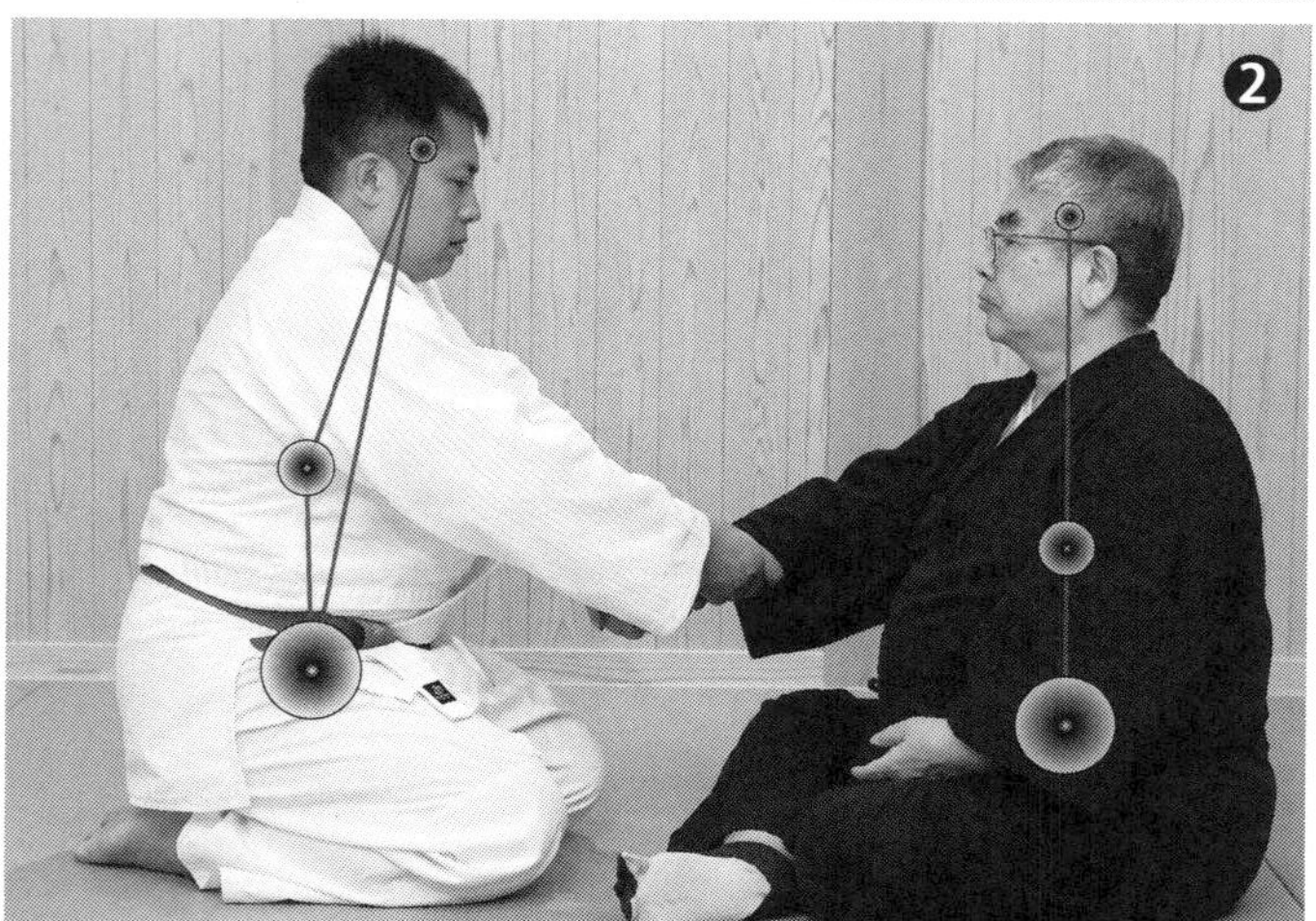

自分の頭・胸・腹の重心で作る三角形の形を維持しながら（限りなく薄い三角形だと一本の線のようになる）、相手の三角形に自分の三角形の一部をもたせかけることであずけとなる。

の三角形の一部をもたせかけることであずけとなるのです。

つまり、相手は体重ではなく三つの重心にそれぞれ集約されている質量を浴びせられることになり、それをかわすことができなくて踏ん張ってしまうのです。

この三つの重心の関係性、つまりバランスを維持することが、姿勢を安定させる重要なポイントです。これが維持されていない酔っぱらいを、しっかり立たせるのが難しいことはご承知の通りです。

あずけには、中心軸などの軸をあずけるという話もありますが、軸は力の集約なので、押しているだけであずけることは難しいのです。

あずけは「溺れる者は藁をも掴む」状態

あずけられた状態をなぜ人はほどこうとしないのか？

それは体をあずけられた状態が、それまでの二脚構造から四脚構造に移行し、相手から強く押されたり、過度に体重がのしかかってこない限り、安定しているのでその状態を無意識に受け入れるからです。つまり、「嫌」ではない負担なら、四脚状態という安定構造でエネルギーを使わなくて済む状態を受け入れるのです。

あずけを筋肉で押したり引いたりすることで実現できないのか、という疑問があると思います。しかし、筋肉による運動は相手に「攻撃」とみなされ、相手は「逃走」か「反撃」の選択肢しかないので、相手は受け入れてあずけを許容するということはありません。

それに対して、腱・靭帯・骨という部分から発生するエネルギーは、人体を構成し支える部分なので、相手にも受け入れられやすく、あずけが成立しやすいのです。

繋げられないとあずけられない

このあずけの技術の前提として、「繋ぐ」技術が必要です。繋ぐ技術は相手に握らせて養う流儀が一般的ですが、握らせること自体は必要条件ではありません。逆に握らせる稽古にすると、「合気の術」の鍛錬には逆に邪魔になります。なぜなら、握らせると合気が掛かりにくくなるのです。

龍の口

柳生新陰流剣術には、「龍の口」という刀の柄の持ち方がある。これは手掌腱膜を使う技術であり、合気を使うための手の内と共通している。

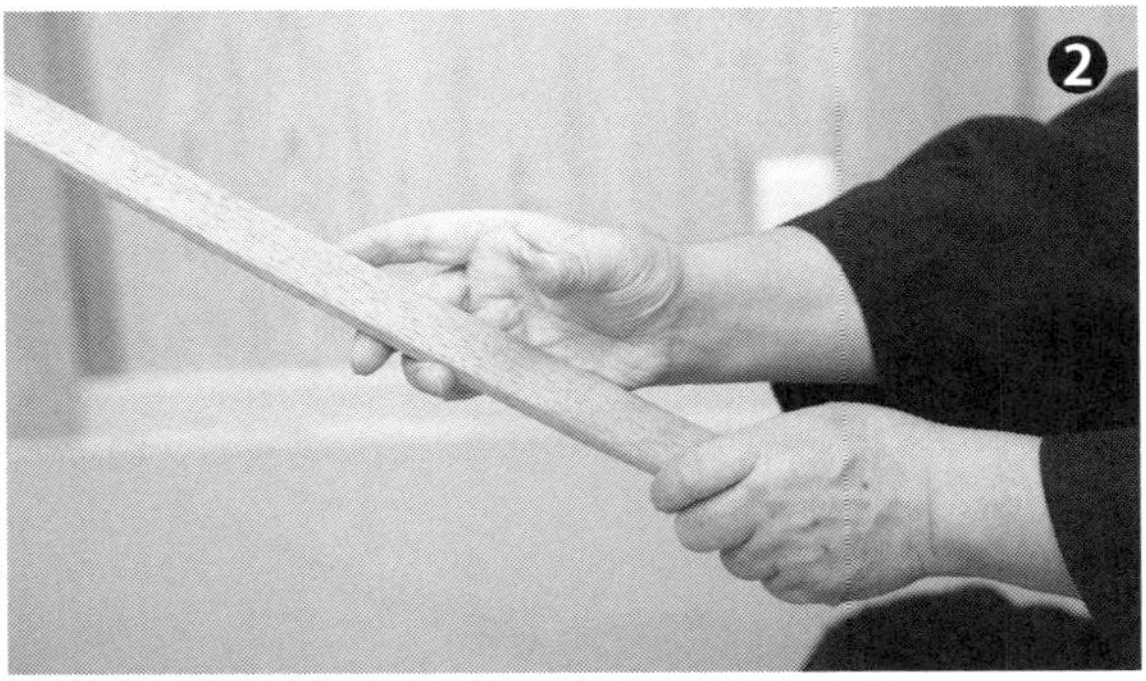

手掌腱膜

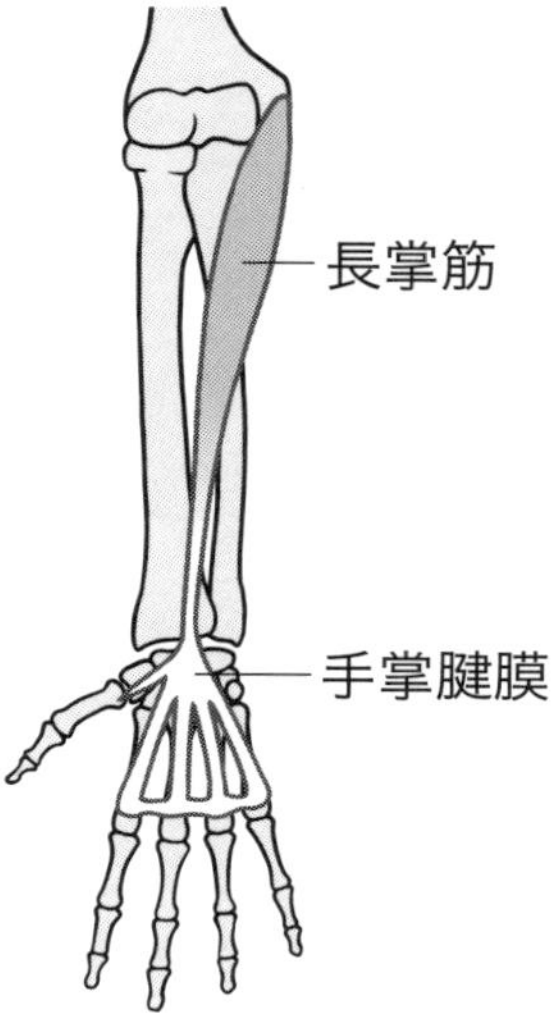

手掌腱膜は、手のひらの中にある腱膜であり、長掌筋と繋がっている。

私の道場では握られた状態から合気を掛けられるようになったら、握った状態から指を離してもらい、手が触れただけの状態で合気が掛かるようにする稽古にすぐ移行します。

この際に使うのが、新陰流の柄の持ち方である「龍《たつ》の口《くち》」の技法です。これは単純にいうと、柄を指で握るのではなく手のひらで握る方法で、手掌腱膜を使う技術です。

手掌腱膜は、小手の肘の尺骨側にある長掌筋から伸びる腱から繋がった、手のひらの中の腱膜です。手掌腱膜が引っ張られることで手のひらの皮膚を固定するとともに、深部にある血管や神経を保護する役目を担っています。

多くの人は箸でも筆でも指で扱っていると思いがちですが、実は手掌腱膜を使っているので、それは剣や包丁の柄を握るのと同じなのです。

腱膜の収縮する力は強大で、ほんのわずかの動きで摩擦力として働き、対象物をぐっと引き付ける働きがあります。猿が枝渡りする、あるいは人間が鉄棒で懸垂できるのは、指の力ではなく手のひらの摩擦力なのです。

この摩擦力が繋ぐ現象を引き起こします。手掌腱膜で発生する引く力は、持続的に相手に引く力として働きを及ぼします。

筋肉の引く力はものを動かすための力で、筋細胞が収縮する短時間だけエネルギーを出しますが、持続性に乏しいため相手に継続的な効果を及ぼすのが困難です。相手も同じ筋肉を使って少しの間踏ん張れば、攻撃エネルギーをしのぐことができます。

しかし腱や靭帯の力は保持するための力

包丁と箸

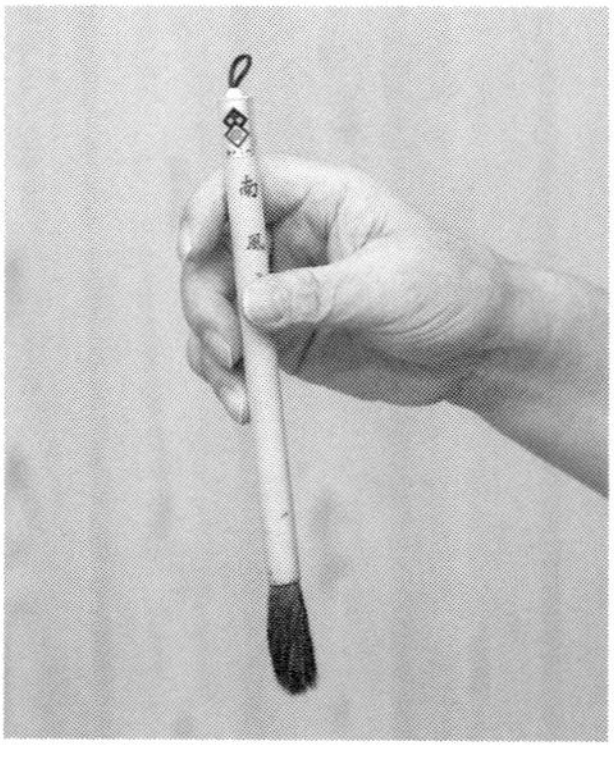
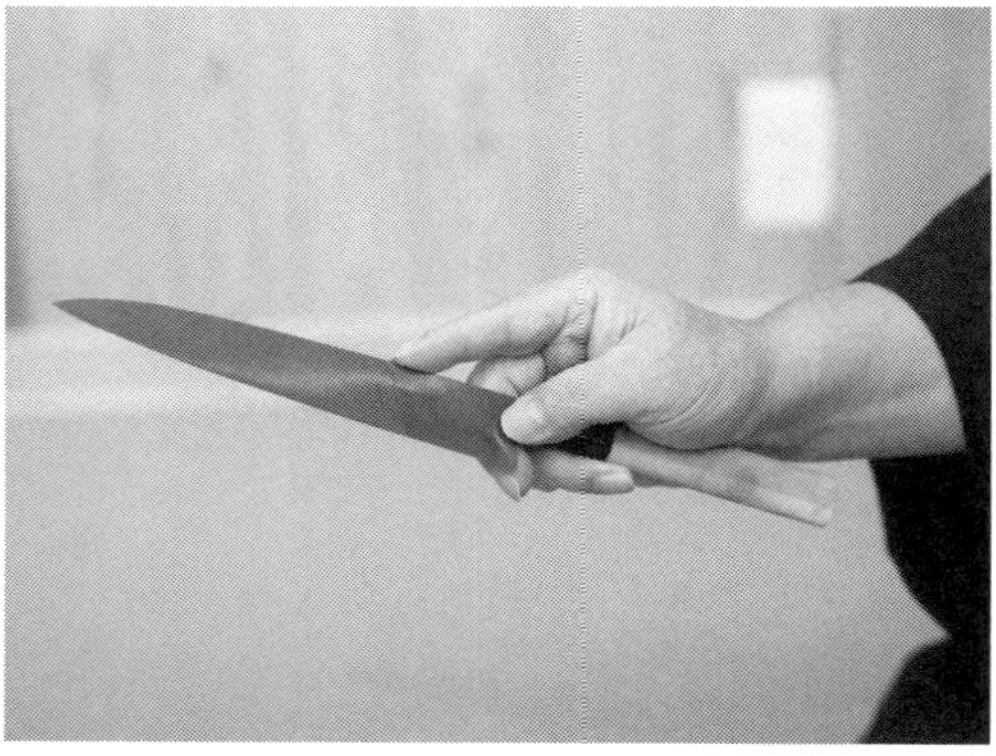

包丁でも箸でも、持ち方は剣と同様に、手掌腱膜による優しくて絶え間ない力を使っている。

手で引き上げる

手掌腱膜を利かせて、相手と繋がった状態で手を引き上げれば、相手はあらがえない。

で、持続性に優れているので相手が踏ん張り切れず、身体全体が引かれて繋がってしまうのです。

繋がるメカニズムは感知できない力で、持続的に引き寄せられている状態で発生します。筋肉の力で引かれるのは当たり前のことなので、抵抗するのは簡単です。一方、手掌腱膜の力は優しく絶え間なく引かれ続けるので、それに対抗するのが最優先となり、抵抗することが難しくなります。

特に触れたところから上向きに吊り上げられる力を加えられれば、釣り上げられた魚のようにあらがうしかなくなります。それは、いわば磁石同士が引かれ合っているような状態なのです。そこで別の力が働くと、到底あらがうことができないのです。

甲冑剣術は繋ぐ技術で成立する

繋ぐ技術は、甲冑剣術で刀が触れたところを通じて相手をコントロールし、体勢が崩れたところを小具足などでとどめを刺すための技術です。これは戦場において効果的に使えます。

相手は引かれていることすら気づかぬままに崩されるので、YouTubeやＤＶＤで公開しているように、小手の上や刀の上に乗っけられた小太刀に、そのまま引き上げられるという物理原則に反するような現象を起こせるのです。

繋ぐ技術を使い、相手に重心をあずけて相手と一体化し、相手の関節や重心まで操作できるようになった状態を「合気が掛かった」というのです。

乗っけた小太刀で引き上げる

刀の上に刀を乗せた状態でくっ付けて、そのまま引き上げることができる。

乗っけた手で引き上げる

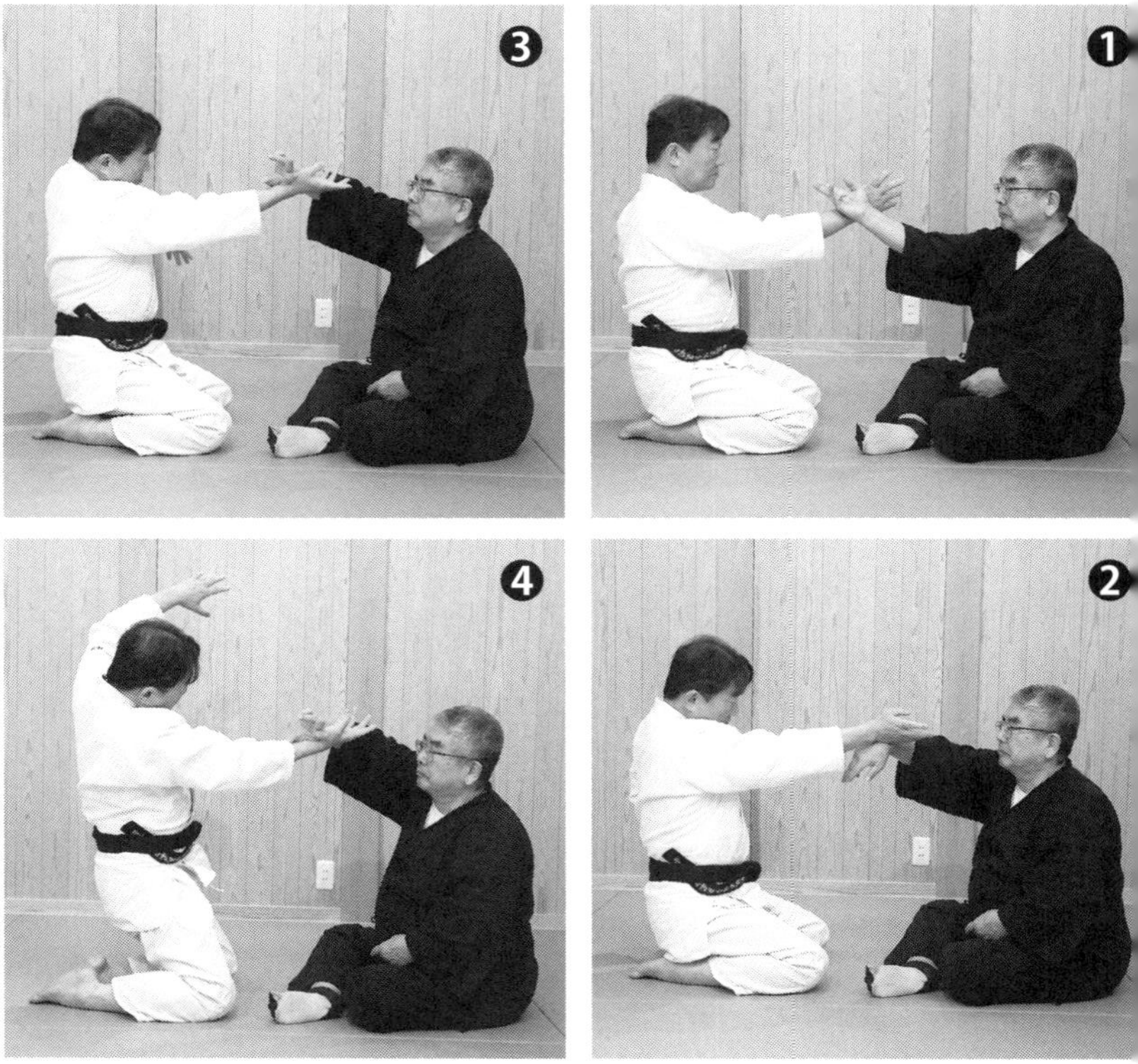

刀と刀の場合と同様に手と手でも、くっ付けて引き上げ、相手を崩すことができる。

筋肉を使ってこの状態を作り出すことも不可能ではないのです。しかし、筋肉を収縮させてエネルギーを出し、それを使って相手をコントロールする仕組みなので、わずかですが発動するまで時間がかかります。

そのため、相手に触れた瞬間ではなく、握らせてから合気を掛ける、というタイムラグが発生するのです。

日本伝合気柔術免許皆伝の鶴山先生は、一刀流系の大東流には「合気の術」はなく「秘伝」があり、合気の術は新陰流の体術をもとにしたもの、と定義づけられていました。

それは、剣が相手の剣や身体に接触した瞬間に掛ける甲冑剣術をもとにしたものだからです。

大東流免許皆伝の久琢磨師は鶴山先生に免許皆伝を出す以前に、大阪朝日新聞で共に大東流を学んでいた同輩二人に免許皆伝を出していました。そして三番目となる鶴山先生の場合には、新陰流系の体術を基にした大東流という知られざる技術を明らかにするなど、その研究と実力に鑑み、自らが日本伝合気柔術の宗家を名乗り、二代目として鶴山先生に免許皆伝を与えたのです。

第2章

柳生新陰流の真髄は体術にあり

～甲冑剣術と柔、小具足術は表裏一体～

剣術と体術は同じ？

現代の多くの人は、剣術と体術を完全に別個のものと考えます。しかしその剣術とは刀が当たれば切れる「素肌剣術」という剣術であり、甲冑を着た武者にはまず通用しません。

実は戦場において剣術はあまり役に立ちませんでした。先述したように致命傷になったのは弓矢傷や槍による刺傷です。刀は逃げるときに後ろから切られる「卑怯傷」が多く、近接戦闘でも槍や薙刀などの長物のほうが有利でした。

そのため刀を抜いて戦うことは、長い大太刀以外はあまりなかったと思われますが、それでも厄介なのは甲冑でした。甲冑で固めた武者を刀で切りつけ倒すのはかなり困難です。

そこで刀は相手を崩すことに使われ、とどめを刺すのは小具足という名の短い刃物を使った体術でした。そのため、甲冑剣術と体術が表裏一体にならざるを得なくなります。甲冑体術における剣術は体術の一部と言ってもよいくらいです。

日本では古来より柔術が大事

日本最古の柔術と言われる竹内流《たけのうちりゅう》も、興りは戦国時代であった室町後期であり、小太刀・捕縄術を基に、その小太刀を一尺二寸の小具足に変え、小具足組打ちを「腰の廻《こしまわり》」と称しました。また無手による体術を「羽手《はで》」と呼びます。なぜわざわざ「羽手」と書くのかは、やわらかであるべき柔術の根本原理に通じる、含蓄のある言葉だと思います。

このように戦をする武士にとっては生死を分かつ体術が必須の技術であり、それは室町時代にはすでに確立されていたのです。

柳生新陰流の石舟斎《せきしゅうさい》が上泉伊勢之守《かみいずみいせのかみ》から免許皆伝を授かったのは、剣術もさることながら新陰流の体術を「手刀勢・無刀勢・無手勢」の「無刀取り三勢」にまとめた功績を買われたからです。その研究の際には、弟子でもあった良移心当流の福野七郎右衛門、起倒流の茨木専斎、小栗流の小栗仁右衛門らの手を借りたことは有名です。ここにも剣術と体術は表裏一体のものであったことが伺われます。

手刀勢

柳生新陰流「無刀取り三勢」の「手刀勢」。手刀を用いて相手の小手を受け捌き、下方に崩して刀を奪う。

無刀勢

柳生新陰流「無刀取り三勢」の「無刀勢」。手刀で相手の小手を受けつつ、肘を上げ崩して刀を奪う。

無手勢

柳生新陰流「無刀取り三勢」の「無手勢」。体を捌きながら顔面への当身で崩した瞬間に、刀を奪う。

しかし徳川家が豊臣家を滅ぼし、年号を「元和《げんな》」に変えさせて、いわば平和宣言状態とでもいう「元和偃武《げんなえんぶ》」を打ち出していくあたりから、剣術も大きな技術改変を起こします。

柳生新陰流でも「折れ屈みたる」姿勢から、「突っ立ったる」姿勢に変わりました。つまり、甲冑を着けた場合の姿勢から、甲冑を着ない場合の姿勢に変わっていきました。それが江戸柳生でいえば十兵衛三厳、尾張柳生でいえば連也斎の時代頃になります。

切りつけても切れない甲冑武者に対する剣術と、触れれば切れる素肌（はだか）武者に対する剣術では、まったく前提条件が違い、術理も違います。剣術だから同じだろうというのは、同じ酒だから日本酒と洋酒を同じだ、というようなものです。

関節技や投げ技は役に立つのか？

小具足を使ってとどめを刺すしぐさは、現在では「残心」という儀式として残っています。合気道や大東流では関節技を掛け、相手が参ったら終了という形になっています。

しかし関節技では本当の意味のとどめを刺すことにはなりません。たとえ相手の骨を折っても、相手にあらがう覚悟があれば通用しません。また、相手の腕が太かったり腕力が強くて関節技が掛からないという経験がある人も多々いると思います。

これは関節技が掛かればそれで万全、という思い込みが原因と言えます。逆に関節技が完全に掛からないと駄目というのは、間違った考えということになります。

じつは大東流の原型たる柔術118本では、関節技は型の中の途中経過にすぎません。型の最後の部分は、小具足によるとどめの代替品としての当身、あるいは残心で終わる型が大半です。関節技が最後ではないのです。

合気の術でも関節技を使いますが、あくまで相手の姿勢を崩すために使うことが多く、戦闘の最後に使う技術とはしません。

実際のところ関節技はかなり難しい技術で、取扱いが楽ではなく、ちょっとしたことでも失敗します。

合気がしっかり掛かって動けない状態でなければ、関節技は掛からないと言っても過言ではありません。だから「合気道」であり「合気柔術」なのです。いずれもしっかりと合気が掛かっていることが前提なのです。

しかし現在では、十分に「合気」が掛かっている状態から関節技を掛けるという思想は薄れ、合気が掛かっていなくても関節技の精度をあげて制圧するという方向に進んでいます。

それは、関節技であれば難しくても何とか理解が可能だからです。しかし、合気がないのに合気道や合気柔術というのは、自己矛盾でしかありません。

それでは力やスピードがない老人・女性・子供という、戦闘弱者が最も必要とする「合気」の理解は進みません。

いきおい習得が一見簡単そうな関節技の習熟にこだわるのですが、逆に完成するのに苦労するという結果になり、実際には役に立たない護身術になってしまいます。

また関節技でなければ、それに代わる「投げ」に意味があるかということもあります。「合気投げ」と言われますが、投げるために合気を掛けるのか、合気が掛かったから投げるのか。どうも目的と手段が入れ替わっているように思います。

実戦では頭をたたきつけるように投げ、骨折や失神させるくらいでないと、投げた相手が体勢を立て直して、再び襲ってきます。練習だから受け身を取れるように投げている、という言い訳もありますが、そういう稽古ばかりしていると、いざというときは役に立たないのです。

「握らせ合気」では使えない

いわゆる合気上げは、合気が掛かっているかどうかを検証するために「上げる」だけなのであり、上げることで合気を掛けるのではありません。だから、単純な梃子をかけて持ち上げて、合気上げと称するようになるのです。それは合気でも何でもなく、単なる「揚げ手」です。

これは「合気」という概念が曖昧で、習熟方法も確立されていないことが原因です。

それぞれの指導者ごとに合気を語る言葉が違い、指導方法も違っているので当然の結果といえます。指先で触れただけで相手がのけぞったり、固まってしまう、という不思議な現象を合気が掛かっているというのです。相手に手や腕を握らせてかけるような「触れ合気」はあり得ません。それでは「握らせ合気」です。

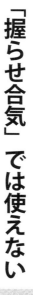

相手に握らせて合気を掛けるという、ありえない状況設定をして稽古させ、その稽古方法からいつまでもたっても脱却しないのでは、未来はありません。

弱者が強者に勝ち得るというチャンスがあるからこそ、護身術なのです。強者がより強くなる方法は他にいくらでもあります。自分や相手の太刀を利用して、小太刀や小具足で制圧し、

指先で触れただけで合気を掛ける

合気を掛けるために「握らせる」必要はない。指先が触れているだけでも掛かるのが「触れ合気」である。

生死を分かつ戦場での勝利をもぎとるという、日本古来の戦闘技術こそ現代の護身術にふさわしいのです。

合気は大東流と合気道にしかないのか？

合気は大東流や合気道だけの専売特許と思われています。しかし私は自分の経験から、甲冑剣術、体術のみならず武器術にも、また沖縄空手の原型の「手《てぃ》」や中国拳法にも同様、同質の技術があるはずだと思っています。

武器術では、例えば神道夢想流杖術の「繰り付け」や「繰り放し」に合気杖と同質の技法を見出すことができます。剣術相手では合気道のように相手に杖を握らせて、合気を掛けるなどということは通用しません。開祖であった夢想権之助はもともと剣術家なのです。

また江戸町方の十手術は徳川吉宗の時代に、ＯＳ（オペレーションシステム）を新陰流の甲冑剣術に改造されています。

空手にも「掛け」や「熊手」に合気の手を、太極拳の化勁や推手に合気の術を、それぞれ見

繰り付けと繰り放し

神道夢想流杖術の技法、「繰り付け」（写真❶～❸）からの「繰り放し」（写真❹）。わずかな接点でくっ付いて相手を崩す術理は、合気と同質のものといえる。

出すことができます。いずれも相手に触れたところから掛け、相手をコントロールします。

人間のやることですから、まったく別の技術を使うわけではありません。それを「合気」と定義して扱うか、別の言葉をあてるのか。あるいは一連の流れの中の一つの動きとして捉えるか。そういう違いでしかないのです。いずれにせよ武術であれば、相手を崩し制御することは必須の技術です。

合気自体はその一方法で、飛び抜けて優秀なわけでも、特別なものでもありませんが、応用範囲の広い扱いやすい技術です。私は空手でも中国拳法でも同じように使います。

原理を理解し、具体的な初歩の技術を身につければ、1〜2年で合気上げや合気下げ、あるいは簡単な武器術への応用などはできるようになります。

空手の掛け

空手の技法「掛け」。相手の突きを掛け受け、そのままの接点から相手を崩して反撃。これも合気と同質の技法といえる。

空手の熊手

空手の技法「熊手」。相手の突きを落とし受け、そのままの接点から相手を崩して反撃。これも合気と同質の技法。

太極拳の化勁

太極拳の技法「化勁」。相手と触れた接点から力のベクトルに沿うことで、相手が崩れていく。合気と同質の技法といえる。

第3章

武田惣角が教えた二つの大東流

～唯一の継承者は植芝盛平なのか？～

惣角は何を教えていた？

武田惣角は、個対個という戦闘状態を想定した稽古が多かったように思えます。柔術、合気柔術、合気の術の三つの技法のうち、柔術の「秘伝」で習う多人数捕りは、いわば旦那芸です。まるで捕り物を想定したかのようなシチュエーションで、現実ではまずありえない形で行います。これは他の柔術にもよくある演武であり、見せるための技術です。

多敵を想定したとされるシチュエーションもありますが、ほぼ相手から逃げ回り、隙をついて当て身を使い、なぎ倒すだけのものになっています。剣術で乱戦になったときの位置取りや、どう相手を誘導して盾にするかなど、合気を使って多人数を相手するなどという思想は見えてきません。

合気を掛けて投げるでもなく、とどめをさすのでもなく、付ける合気を使い相手を自分の身体にくっ付けて盾代わりにするくらいにしてこそ初めて、合気を使う多人数対策です。

多人数の敵にいちいち関節技を掛けて、制圧しておいてから次の敵に向かうなどという悠長なことをやっている暇はないのです。だから多人数では、ゆっくり関節技を使うような演武はできないのです。

もちろん個対個の稽古で相手を制圧できるように稽古していけば、ある程度のレベルになって初めて多人数に対応できます。

合気道の師範クラスの人が、次々と掛かってくる相手を、投げてまた投げてという演武を見せますが、あれは乱戦時に次々切りかかってくる戦場をイメージしており、無刀捕りでどう処理するかというのがテーマです。

実際に護身術を使わなければならない状況は、多くは多人数つまり多敵の状態でしょう。ガチな多人数を体験するなら、新聞紙を丸めたものでよいので、ポンポンと皆に叩かれる稽古をしてみるとよいでしょう。

植芝盛平翁は何を学んだか

植芝盛平翁は大本教の熱心な信者でした。京都府・綾部の地で、信者仲間に大東流を教えていたとき、政府による大本教第一次弾圧が起こります。政府の圧力を強く感じた教団側は、高級幹部へ護身術を習わせようという機運が盛り上がりました。

それは弾圧される弱者が強者に対応する方法を培うという、大本教の対国家戦略に沿うものでもありました。

そこで大本教側から植芝翁に、教授する者として技術だけでなく品格・資格が求められます。そこで植芝翁は武田惣角を綾部に招いて特別教伝を受け、その結果として新陰流の伝書「進履橋」も授けられました。

なぜ惣角がそれまで植芝翁が学んでいた大東流のさらに上のレベルの伝書だけでなく、新陰流の伝書まで授けたのか。当然その技術を学んだからですが、なぜ他の教授代理とは別格の扱いを受けたのか、それは不明です。

その特別教伝以前にも、それ以後にも両者には確執があったにもかかわらず、植芝翁個人への特別扱いがなされたのか。植芝翁が教える相手が大本教という巨大教団であるが故なのか、多くの謎が残ります。

では免許皆伝の久琢磨はどうだったのでしょう。例えば一本取りという、正面打ちへの対応ですが、柔術なら「左手前・左足前」という「順足」での受けで相手の肘を押さえるところから行います。しかし皆伝技では「右足前・左手前」という「逆足」で肘を受け、右手は手首を押さえる形になります。

柔術の一本取り

大東流の一本取りは、柔術技法だと順足（左手が前なら左足が前）で相手の肘を押さえにいく（写真❶）。

皆伝技の一本取り

大東流の一本取りは、皆伝技だと逆足（左手が前なら右足が前）で相手の肘を押さえにいく（写真❶）。

これは他の柔術でもよく見られる形ですが、新陰流の「無刀捕り」の「無刀勢」の技術が使えないと非常に難しい身勢であり、バランスが悪く、当身を使わないと相手に押し込まれやすい形なのです。

この形は免許皆伝を受けた久琢磨だけの技でしたが、他の弟子から息子の武田時宗氏に対して疑義が出ました。それに対して時宗氏からは、惣角から久師範に皆伝稽古を行う際に伝授され、それを時宗氏が見ていたという証言が書簡として残っています。

つまり、久師範に対しても皆伝技という形で、新陰流の技術は伝承されていたのです。

大東流と合気道を比べると、合気道では相手が刀の代わりに手刀で打ちかかり、それをどう捌くかというシチュエーションでの演武が多いように思えます。つまり、新陰流の武器を持たない無手で刀をどう処理するか、という無刀捕りのテーマと被るのです。

それは無刀捕りの「手刀勢」から、「ひりょくの養成」へと変化していったことと同じです。もともと「ひりょくの養成」は惣角が植芝翁に教えた技術で、合気道の専売特許ではありません。「ひりょく」にどういう漢字をあてるかで混乱して、「ひりきの養成」と間違った読み方や解釈を生みましたが、本来は「非力」（力にあらざる力、つまり合気）をあてるのが正しいと思われます。

ひりょくの養成

「ひりきの養成」と読まれやすい「ひりょく（非力≒合気）の養成」。これは、新陰流の無刀取り「手刀勢」から変化したもの。

つまり、相手の手に自分の手が接触した瞬間に合気を掛け、浮き上がった相手に関節技などをかけ、相手の刀を奪ったりする技術です。決して腰や膝の力で押すような技術ではないのです。

無刀捕りはいずれも、相手の身体に接触した瞬間に相手を金縛りに近い状態に追い込み、刀を奪い取る技術です。つまり白兵戦で、自分は武器を持っていないが、相手から奪刀できることがポイントです。もたもたと相手ともみ合いになったりすることのないように、合気を掛けることができるのが前提です。つまり瞬時に行う甲冑体術であり、合気の術なのです。

大東流の免許皆伝は久琢磨だが…

大東流の免許皆伝は久琢磨です。しかしそれ以外にも植芝盛平他、30人の教授代理という資格を与えられた師範方がいました。そこでそれらの方々の技術と、免許皆伝という資格に違いがあるのかということです。

実は久琢磨は、大阪朝日新聞の社業として大東流を最初は植芝翁から学び、後半は武田惣角から学んだわけです。しかし実は、彼が免許皆伝を受けた際に、上司の刀禰館正雄氏にも同様の資格が渡されたという説もあるのです。

私の学んだ日本伝は久師範から免許皆伝を受けた鶴山伝ですが、他の大東流と比べてみても、技術がかぶっているところはさほど多くないのです。また、他の大東流諸派を相互に比べても、技術がかぶっているところよりも、独自の部分がかなり多いことが、研究すればするほどわかります。それは、派ごとに進化しているというだけでなく、教えられた根本原理が違うように感じます。

つまりそれぞれの師範方は、惣角からまるっきり別の武術を教えられたといっても過言ではないと思えるのです。そういう意味では、久師範の「免許」は必ずしも「皆伝」ではないと思えます。

系譜から言うと、武田惣角〜植芝盛平〜久琢磨というルートと、武田惣角〜久琢磨というルートが並列で存在しており、合気道に変化する前の植芝翁の技術は、最も大東流の本流であるという考え方も成り立つのです。

column

◎植芝盛平翁の両腕を伸ばしたスタイル

大阪朝日新聞で指導していた時代の合気道開祖・植芝盛平翁の映像を見たことがありますか？　それは、不自然なほど両腕を伸ばし、相手に掴ませています。

大本教本部で惣角に「進履橋」を授かった時代から、あまり時間が経っておらず、まだ合気道を名乗っておらず、朝日流とかを名乗ろうかなどと言っていた時代です。

この不自然な両腕を伸ばすスタイルは、どう考えれば良いでしょう。新陰流の刀の構え方を想像すると、その親和性に気づきます。

肘を伸ばし、肘の裏側を天井に向けて猿手にし、柄を持たないのであれば、手首を返す必要もありません。

両者を比べてみれば、ほぼ同じ姿勢だと気づきます。刀を持っていないだけです。他の柔術諸派と比べると、ちょっとあり得ない姿勢なのです。つ

新陰流の構え

柳生新陰流剣術では、肘を伸ばし、肘の裏側を天井に向けて猿手にする。

まり、惣角から学んだ新陰流の体術ではないかと想像できます。

やがて、年を経て理合いがわかっていくうちに、そんな無理な姿勢はなくなっていき、自然な構えに変わっていきました。それは、新陰流系の大東流が、大東流の中でも独自に変質して合気道になっていく過程でもあるのです。

植芝盛平翁の腕

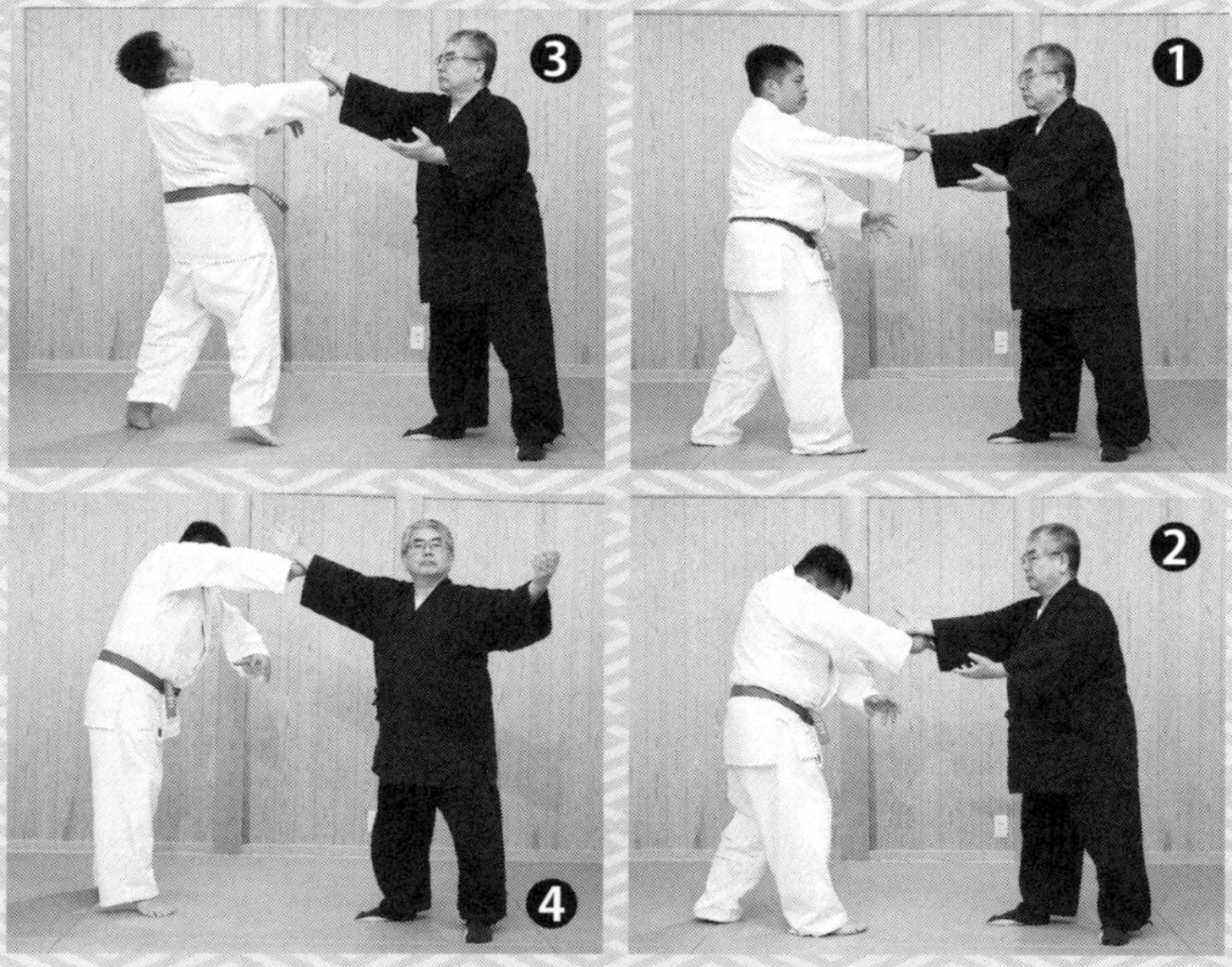

前ページ写真の柳生新陰流剣術の構えと同様だが、剣を持たないなら手首を返す必要はなくなる（写真❶）。その構えは、まるで植芝盛平翁？（写真❹）。

植芝翁に惣角が教えた新陰流は何だったのか

とはいえ、今の合気道に大東流の術理を感じることはあまりないと言えます。例えば合気道は、投げと関節技の技術だけになっています。

しかし、投げても相手は起き上がりますし、関節技はとどめにはなりません。大東流の柔術118本でも、関節技は途中経過にすぎませんし、投げも多用せず、とどめが必要です。

今や合気道は、大東流の合気のない合気柔術のようになっています。格闘技あるいはスポーツなら良いのですが、武術としては残念です。

なぜ植芝翁だけが新陰流を教伝されたのかは、それまでの、またそれ以降の両者の確執を考えると多くの謎を含んでおり、解明することは困難です。今後の研究を待つしかないでしょう。

惣角が植芝翁に教えた新陰流は剣術だったのでしょうか。実はその後、植芝翁は新陰流を学び直したいと考えたのか、新陰流の達人でもある弟子の下條小三郎に新陰流の教授を頼みました。

そのときの逸話に、道場で袋竹刀を見て「これは何か？」と尋ねたそうです。新陰流剣術といえば袋竹刀を使うことは有名ですが、この定番ともいうべき道具を知らなかったということは、惣角から剣術は習ってなかったのではないかという疑問が出てきます。では授与された巻物「進履橋」は何だったのかということになります。

そこで考えられるのは、体術と表裏一体であった甲冑剣術のエッセンスを学んだのではないか？　それは無刀捕りの技術ではなかったのか？　そう考えると腑に落ちます。

合気道の「正面打ち○○○」というのは、まさしく剣に対する対応を示しています。無刀捕りや、剣をかわすことができないと、技術としては先に続けられません。そこらへんが曖昧だと技にはなりません。その意味では剣術は必要です。

だから合気道は師範演武で、いわば無刀捕りの演武を繰り返すのです。大東流ではあのようなパフォーマンスはあまりやりません。

その代わり、その後にできたいわゆる合気剣法は、素肌剣術の新陰流でもなく、甲冑剣術であった新陰流でもなく、他の剣術とも違う独特のものになってしまっています。

身のかわし方や、先を捉えることが合気なのでしょうか？　あるいは新陰流の「合撃《がっしう》打ち」もどきが合気の剣なのでしょうか？　大東流側から見ると、合気道の理合いはほぼ全部わかりますが、合気剣だけは意味がわかりません。

剣術の正面打ち

合気道の各種技法「正面打ち○○○」は、剣術の正面打ちに対する技法を、徒手で表現したもの。

新陰流の合撃打ち

相手とほぼ同じタイミングで打ち込んでも中心を取って勝つ、柳生新陰流剣術の「合撃打ち」。

惣角は息子にすら剣術を教えなかった

実は惣角は、教授代理を与えた他の弟子たちにも剣術を教えていません。最後の弟子となった山本角義には一刀流を教えましたが、それは山本角義が剣術を習いたくて師事したから、と聞いたことがあります。

惣角は実の息子の時宗氏にも自分では教えませんでした。一刀流を教えてほしいとねだられたときも、わざわざ中西派一刀流の第一人者の高野佐三郎のところに連れていき、入門を頼んでいます。

それは剣術家をあきらめ、柔術家に転身した自らの生き方へのこだわりなのか、あるいは惣角伝一刀流と言ってもよい、工夫伝の色の強い一刀流では、剣術の世界では正統な一刀流とは言いにくいことへの引け目なのか、本当のところはわかりません。

しかし、時宗氏が証言する「惣角が合切袋にボロボロの巻物をいつも入れて、とても大事にしていた」巻物と思われる「進履橋」は多くのことを考えさせます。惣角は自分を新陰流第十余世と名乗って、植芝翁に対し、特別教伝のあと「進履橋」の写しを与えたのは、なぜだったのでしょう。新陰流と武田惣角のエピソードは多くの謎を投げかけています。

「進履橋」の巻物

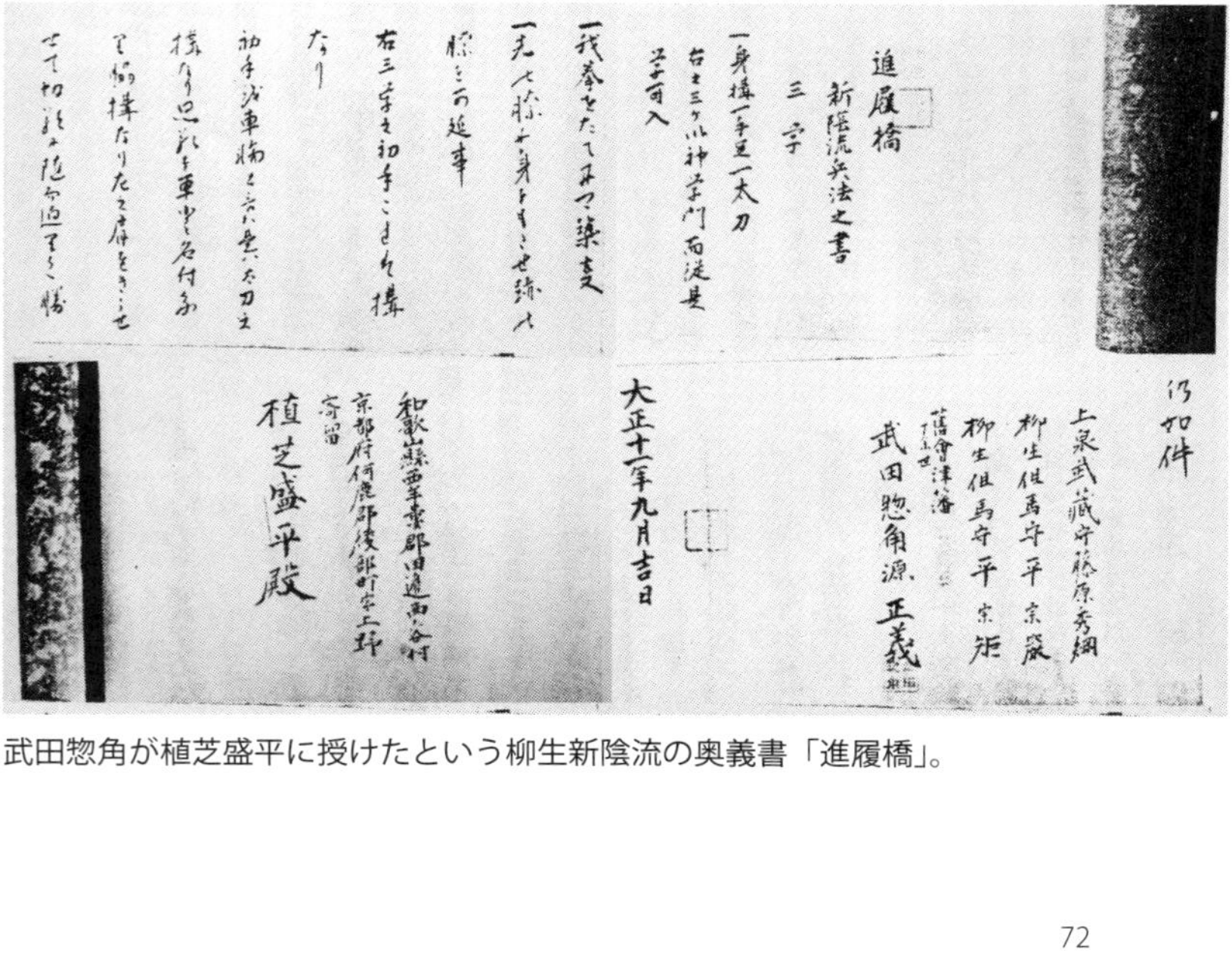

武田惣角が植芝盛平に授けたという柳生新陰流の奥義書「進履橋」。

第4章

柔術と合気の術

～何が合気で、何が柔術なのか？～

柔術はどうする術なのか？

柔術について、少し書いておきましょう。柔術とは文字通り「柔らかい」術です。だから「和《やわら》」と書く流派さえあるのです。決して力やスピードで行う技術ではありません。「術」と書くのなら、技術であるべきです。

よく「力」「スピード」「技術」の三つが対比されますが、力とスピードは「エネルギー」の表と裏です。だから「エネルギー」と「技術」の二つで対比するべきものです。

技術は、最初のうちはゆっくりと正確に、設計図通りに行うものです。決して力やスピードを構成要素にしてはいけません。

技術だけで成立しないと、人は力やスピードを足そうとします。これを力技といいます。つまり力技とは、「やわら」ではなく失敗例なのです。

激しく動く空手ですら、実は古い型と同じくらいのスピードで動くべきなのです。現在の型試合のような速度重視の型の演武は、型の本質を歪めるだけでなく、本来技に速度は不必要だということさえわからなくします。

無力化する空手の内受け

空手の受け技には本来、合気と同質の「無力化」する技法が含まれている。相手の突きに対して、内受けから下方に崩した例。

無力化する空手の外受け

空手の受け技には本来、合気と同質の「無力化」する技法が含まれている。相手の突きに対して、外受けから上〜下に崩した例。

型の中では「受け」は相手の攻撃をはじいたり、いなしたりすることではありません。しかも試合になると、まったく別の動作になってしまいます。受けとは文字通り、攻撃を受けて「無力化」する技術なのです。受けには合気の技術が必要なのです。

柔術も決して力任せではない

柔術とは筋肉を使って技を掛ける技術です。しかし、力任せの技術ではありません。筋肉を精妙に使い、出力調整をきっちり行って、その力を使います。

出力制御とは、例えば一つの筋肉の出力を10だとすると、それに10の目盛りを付け、使う力は、下の二つの弱い力と、上の三つの大きな力を捨てて、真ん中の3から7までの力しか使わないという訓練をします。

また複数の関節を使う動作では、一番力の弱い関節の運動の出力に他の関節がシンクロするので、出力レベルが下がります。そのため複数の関節を使う運動は避け、できるだけ単関節だけを動かす運動を繋げていく方法が望ましいのです。

次に、握るときは、指先を曲げないことです。曲げると肘まで固まります。手首をぶらぶらと振ってみてください。簡単にできます。しかし指先の第一関節をちょっとだけ曲げて同じことをやると、途端にぶらぶらできなくなります。

これは指を曲げる筋肉は小手の肘に近い部分にあり、そこから腱が伸びて指の第一関節の先の骨にくっ付いています。指を曲げる運動は遠くから腱の先を引っ張る運動なので、腱が正しい位置に固定するために、手首のところの靭帯等でぎゅっと締め付けられるのです。そのため手首が自由に動かなくなる現象が起きます。

そればかりでなく、指先が曲がるのはものを持つ動作の予備運動なので、上腕二頭筋が収縮し肘を曲げようとする運動が無意識に始まります。

その結果、指先をちょっと曲げただけで、手首から肩までが無意識に操作しにくい状況が起こってしまうのです。そこで、握るときには第一関節を曲げずに力を出すことを覚えましょう。

柔術は肩関節を自由に使う

手の先から肩までを実際に多方向に動かしているのは、主に肩関節です。肩関節にくっ付いているローテーターカフという筋肉群が主に収縮・弛緩をして動かしています。他に、三角筋、大胸筋、烏口腕筋《うこうわんきん》なども働きますが、基本の力を出しているのはローテーターカフです。

ローテーターカフ

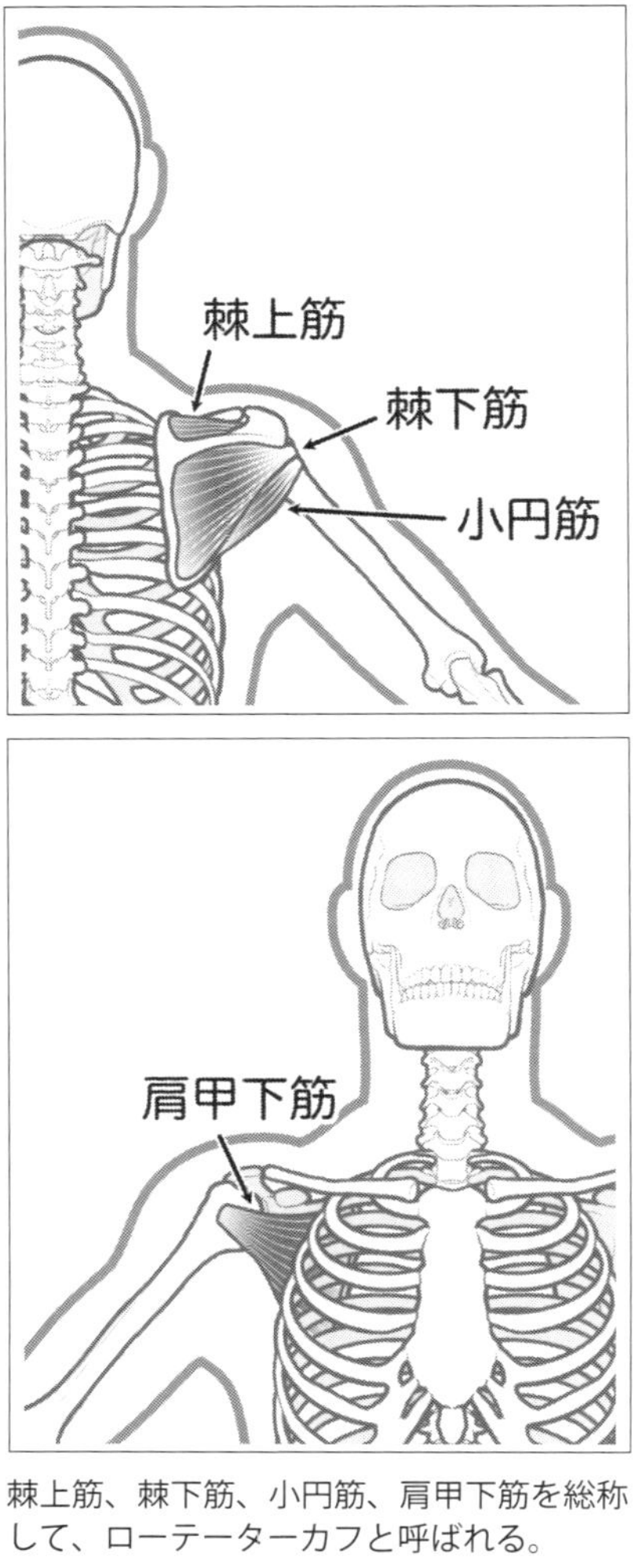

棘上筋、棘下筋、小円筋、肩甲下筋を総称して、ローテーターカフと呼ばれる。

肩の力を抜く

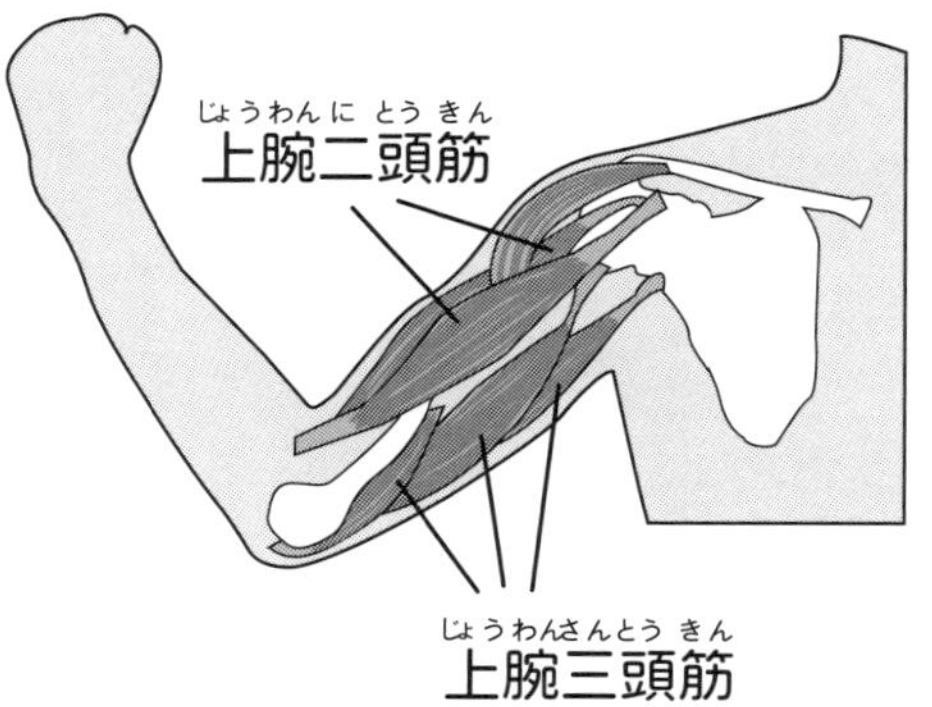

「肩の力を抜く」とは実のところ、上腕二頭筋と上腕三頭筋の力を抜くということ。

多くの人は肘に意識が行きがちですが、手首は前後に１８０度弱、肘も１１０度程度にしか曲がりません。手首は少しねじれますが、尺骨と橈骨《とうこつ》がクロスしているだけで、両骨が骨間膜で繋がっているので、制約された動きしかしないのです。

そのため、実際に腕を動かす運動の大半は肩の動きです。しかし、肩で腕を動かしている意識がないので、肘で動かしている意識が先に立ち、肘の角度を変えながら運動をしてしまいます。

その結果として、引くときは上腕二頭筋、伸ばすときは上腕三頭筋を使うので、どちらにしても肩甲骨が引っ張られることになります。なぜかというと、筋肉が分岐したそれぞれの「頭」が肩甲骨の一部に着いているので、筋肉が縮むと肩甲骨が変に引っ張られ、自由な動きが制限されるのです。

よく「力を抜け」と言われますが、どの力を抜くのかの説明はありません。ひどいのは肩の力を抜けという指導者もいます。これへの回答は「上腕二頭筋と三頭筋の力を抜きなさい」です。上腕の力みが消えれば、肩甲骨の自由度が上がり、肩が動かしやすくなるのです。

これと似たような現象で、いわゆる合気上げ（実際は揚げ手）で相手を持ち上げられない、ということがあります。

ヒンジ（蝶番《ちょうつがい》）運動ではダメ、上がらない、というふうに言われますが、ヒンジ運動がダメなのではありません。肘を曲げようとして上腕二頭筋を収縮させるので、肘関節自体が前にせり出し、支点が動いてしまう支点揺動が起きることが原因なのです。

上腕二頭筋の役割は手首を身体に近づけることにあり、持ち上げる運動にはあまり役立ちません。逆に、小手の屈筋群のほうが上げる力を出せます。

肘を曲げる際に、肘の先が前に出ないように制御しながら曲げると、今まで上がらなかった相手が上がるようになるのです。しかし、これはあくまで力任せの「揚げ手」であり、合気上げではありません。

ただ、そういう身体の使い方をマスターすることは大事なことです。柔術やそのための訓練方法です。

肘を曲げる際に肘先が前に出ない

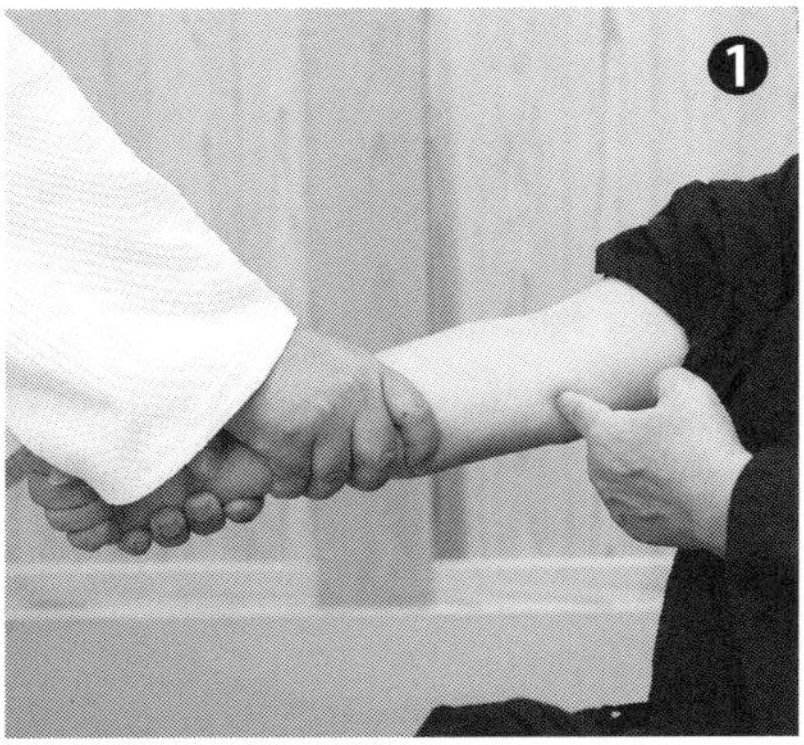

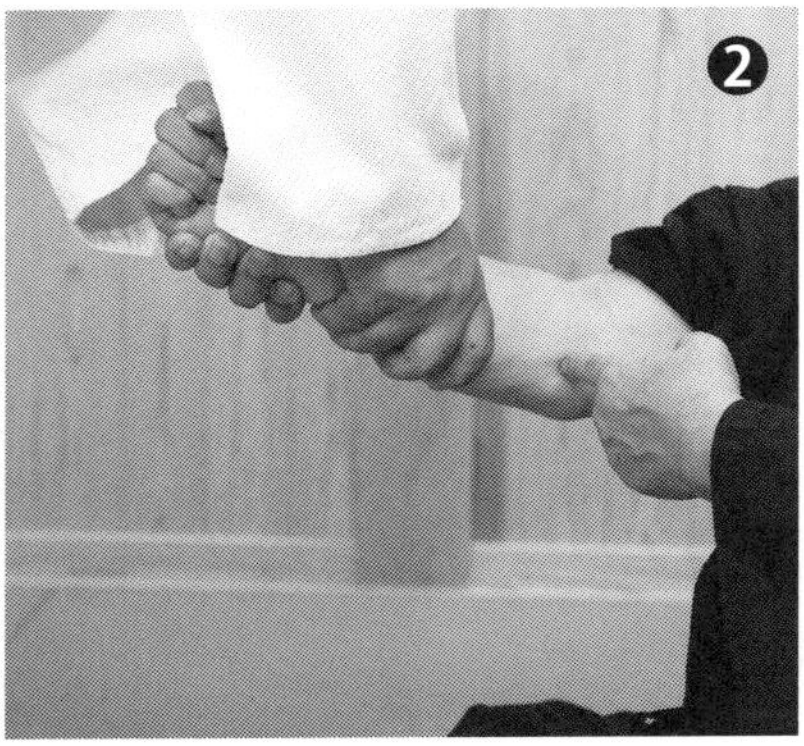

肘を曲げる際に肘先（指で差している部分）が前に出ないようにすると、相手を上げやすい。ただし、合気を使って上げる合気上げとは別。

人間の身体は運動するのに、あちこちに遊びがあり、あるいはストッパーがあるので、本来出せる力の半分も出せていません。フルパワーを出してしまうと、身体が壊れる恐れがあるので、制御が掛かるようになっているのです。

いわば柔術は、制限を外して「火事場の馬鹿力」の出し方を学ぶ方法論なのです。そこでは理屈通り、ゆっくりと設計図のとおりに動くことを重視します。力やスピードを必要とせずに技を掛けることを覚え、覚えたら力や速度を足してもよいのです。

柔術で使うのは第三梃子

柔術は梃子《てこ》を使う、単純な力学の世界です。「支点」「力点」「作用点」という構造で力を生み出します。筋肉を収縮させて力点を作り、関節を支点にして骨をバーにして梃子を作り上げます。

そこで一番先に思いつくのは、シーソーや天秤で、いわゆる「第一梃子」だと思います。合気道や大東流でも天秤投げとかがあり、だいたいこの梃子を使うと思われています。

しかしこの形では、相手の力が強かったり、慎重さがあったりした場合は効きにくいという欠点があります。

実は天秤投げの本来の形は、握っている相手の手首が支点で静止、肘が支点ではなく力点で押される、相手の肩が作用点で斜め上に上げられる、という「第三梃子」の形です。

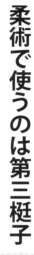

この形は他の柔術技にもあります。当たり前の梃子の形を使うのでは武術とは言えません。あまり使う意識のない梃子なので有効なのです。

柔術ではさらに作用点の移動という技術を使います。通常の力の使い方では、あまり作用点

梃子の仕組み

第一梃子

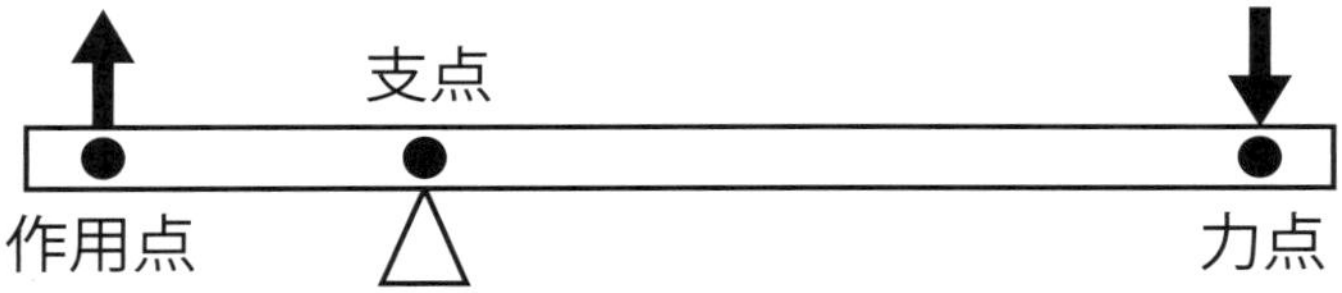

第二梃子

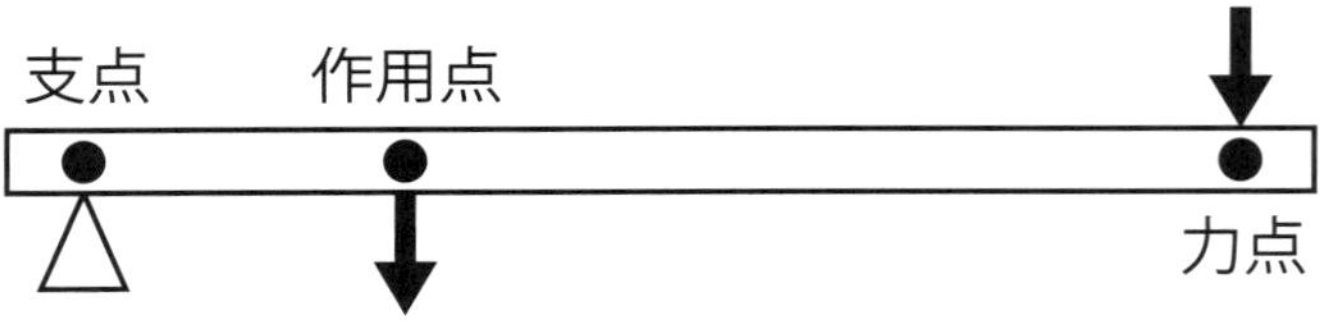

第三梃子

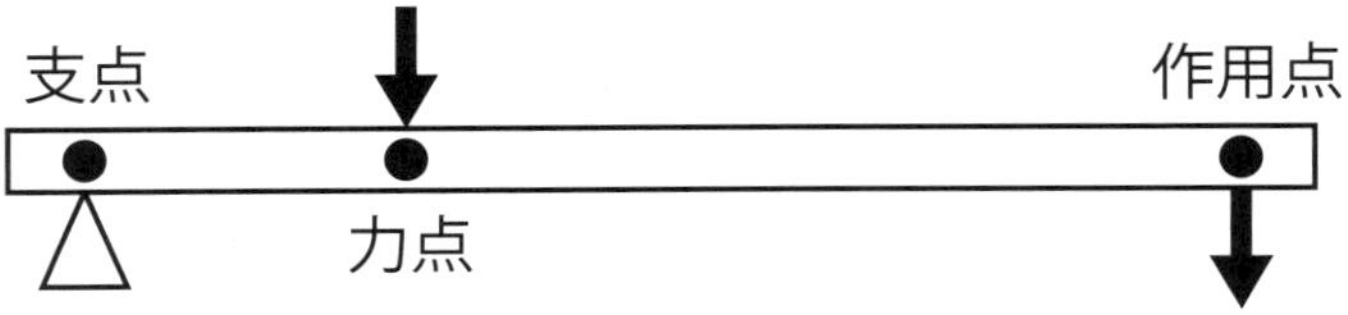

第一梃子だと効きにくい

肘が支点、手首が力点となる第一梃子だと、
技が効きにくい。

第三梃子だと効く

手首が支点、肘が力点となる第三梃子だと、技が効きやすくなる。

梃子で合気投げ

第三梃子の支点・力点・作用点を明確に意識することで、繊細かつわずかな動作で合気投げもできる。

という考え方が希薄です。押すにしろ、引くにしろ、どこを押すのか引くのかという、焦点がはっきりしない力の使い方をしています。

細かな作業をするときには、かなり細かな注意を払い、支点・力点・作用点を意識します。しかし力任せの作業になると、途端に支点は動くわ、作用点と力点を一緒くたにしてしまうわ、で効果がなくなってしまいます。

頭の重心、胸の重心に作用させる

例えば、相手の手首を握って何を引っ張りますか？　多くの人はその手首を引っ張ります。つまりこの場合、作用点は支点であるべき手首になってしまうのです。

しかし本当に引っ張りたいのは、握っている手首ではなく相手の身体のはずです。身体のどこでしょう。頭の重心？　胸の重心？　腹の重心？　それとも身体全体ですか？

ほとんどの場合、明確に何を引っ張ってよいかわかっていません。押す場合も同じです。どこを押すのでしょう？

引くにしろ、押すにしろ、目的とする作用点は質量の中心の重心であるべきですが、重心の位置さえわかっていない方が大半なので、相手の重心を見つけることすらできないのです。

身体の重心は厳密に言うと、質量中心とは異なるものですが、ここで概ね同じものとして考え、関節ごとに分かれた身体の各部分の重心を対象に考えます。つまり上半身でいえば、頭の重心、胸の重心、腹の重心です。

頭の重心は、「眉宇の奥、こめかみの交点」です。頭は、頭蓋骨の上のほうに豆腐が詰まっていて、下半分は空洞、というイメージの構造です。さらに眼球とそれを動かすメカニズムが詰まった目というパーツがあるため、ラグビーボール状の楕円体ですが、予想より上で前に重心が存在しています。この重心は固定点です。

胸の重心は、竹の鳥籠の中に紙風船があり、中身がスカスカという構造なので、鳩尾の上で胸板の中心にあります。ただ中の紙風船が広がったり、すぼまったりするので、固定点ではなくゴルフボール大の球の中を動いています。

腹の重心はよく下丹田に比定されますが、厳密には違うものです。これは腹腔の内部状態であちこちに移動します。イメージとしては、「ボウルにイカの塩辛をぶちまけて、中にビー玉を落とし、ボウルを動かすと中のビー玉はおぼろげに位置を感じ取れるが、塩辛で見ることができない」という感じです。この場合、塩辛は自分の内臓です。

ですから自分自身でも位置がわかりにくいので、その位置を測量することが重要です。自分自身で捉えられない位置をちゃんと把握できないと、相手の重心を捉えるのはもっと難しいのです。

それで相手の重心の位置がわかれば、接触点を静止させて支点となし、力点は肩関節のローテーターカフの筋肉の動きを使います。それで梃子を作り出すのです。

このことは梃子の構成要素をしっかりと理解し、接触点である支点を一切動かすことなく、精密に掛けていかねばなりません。それらがずさんで曖昧だと、うまく作用点を捉えられないのです。さらに手首や肘を動かすと接触点が動きやすいので、摩擦力が消滅し、梃子が成立しなくなるのです。これが作用点をうまく捉えられない原因なのです。

次に相手の関節伝いに作用点を移動させていきます。これはどのように梃子を構成するのかを理解するためには、最も適切な方法です。関節は骨と靭帯で構成されているので、そこにストレスを与えると無意識に固まろうとするので、作用点が明確に聴勁で感知できます。

手首から肘、肩へ、さらに鎖骨から胸骨、それに連なる肋骨、その反対側の背骨へと力を流し込み、作用点を移動させていきます。

つまり、力というエネルギーを流し込むのは、作用点を移動させていくことなのです。その際、作用点を見出しやすいのは、各関節とそれを構成する靭帯です。関節伝いにというのは、そういう意味なのです。

そのように作用点を移動させ、最終的には頭の重心や胸の重心を捉えていきます。腹の重心は本人でも捉えにくいうえに、意識しなくても勝手に移動するので、この場合は対象から外します。

最も効果的に捉えやすいのは、頭の重心です。頭の重心は本人の小脳のコントロール下にありながら、人間の体の中で最も振れやすい場所です。ほんのちょっと小突くだけで揺れ始めます。作用点としてはとても効果的で、いちど揺れ始めると自分では踏ん張ることもできず、下に落とせば崩れ落ちることになります。

このように相手のバランスを失わせることにより、相手の小脳はバランスの回復を最優先にするため他のことは後回しになり、いわゆる「虚」の状態に陥ります。虚の状態に陥れば、人は十分に戦うことができません。

関節技をはじめとして、ほとんどの技は揺れない「実」の状態にある相手には、力任せでもない限りまず掛かりません。それでは「柔《やわら》」ではありません。柔術が力学だけの世界だとしても、この程度の虚を作り出す基礎的な技術は必要です。柔術が力とスピードだけの技術なら、「やわら」とは呼びません。相手が力を出せない状態に落とし込んで戦います。

触れた瞬間に掛けるからこそ「触れ合気」

さて次は合気の術について少し述べてみましょう。

YouTubeなどで触れ合気と称する技を見ますが、そのほとんどは合気柔術です。だいたい二種類に分けられます。

一つは、普通に手首などを握らせて、合気上げの変形のような技を掛けていく形です。それのどこが「触れ」なのでしょうか？

もう一つは、手のひらを触れ合わせて合気を掛けるというものです。誰も闘争のときにそんなことはしてくれません。稽古としてはありかもしれませんが、全くの非実用品です。

「触れ合気」というならば、触れた瞬間に合気が掛かっているはずです。残念ながら、そのような技を見ることはできません。握らせないと掛からない合気なら、「触れ合気」に値しません。触れたところに掛けることができるから、「触れ合気」なのです。

つまり、どんなところでも、触れた場所から合気を掛けられる技術が必要です。それを可能にするのが、甲冑剣術の「合気の術」です。剣術ですから、相手の刀や甲冑に触れた場所へ瞬時に合気を掛け、崩すことが可能でないと自分の命を失うことになります。その意味で、まさしく「触れ合気」なのです。

合気の術では手掌腱膜を使う

合気を掛けるためには、まず手のひらの手掌腱膜（30ページ図参照）の使い方を学びます。これには新陰流の柄の持ち方「龍の口」が参考になります。

これは指を使わず、手掌腱膜を収縮させて柄を持つエネルギーを発生させ、摩擦力を作る技術です。このエネルギーは、筋肉の力ではないので相手が筋肉で踏ん張ることがなく、相手の身体の中に浸透しやすいのです。

具体的には、まず柄に手のひらから触れて指を曲げていくのではなく、指先から触れて手のひらを巻き付けていくように操作します。これで、手のひらの中に摩擦力（摩擦係数）が発生します。

次に、小手と上腕の筋肉の力を完全にオフにします。これは力を抜くのではなく、完全に筋肉を使わなくすることです。大東流で言う「死に手」にするのです。

そうすることによって、腕は靭帯と腱だけで繋がる形になり、肩から出す力が伝えられるようになります。また、手のひらで作り出した摩擦力も腕全体に及ぶようになります。同様のことは、箸や筆を使うときにも起きているのです。

他の武術でも言うように、腕を力を通すパイプにする技術でもあります。その力は気の流れと言っても構わないかもしれません。

この状態でも靭帯や腱は収縮しているので、腕自体の強度は確保されています。ですから緩めるのではなく、腕全体は締まっているのです。具体的には、手首や肘の角度は変わらない状態だということです。ここで手首や肘の角度が変わるのは、筋肉を使ったことになります。

column

◎箸は本来、ものをつまむには不適切な道具

私たちは、日頃から箸を使って食事をしているので、箸が食べ物を掴むには不適当な食器であることに気づいていません。

金属や木材で作られ、細くて掴みにくく、片手で扱わなければならない。ものによっては漆などが塗ってあり、つるつるして滑りやすい。なんでこんな扱いづらいもので食べようとするのでしょう。

それには摩擦が関わっているのです。摩擦がなければものをつまむことはできません。つまむ動作では、接触面がつるつるしていないほうがやりやすいはずです。

しかし、わざと表面を滑らかにして、静止しないとつまめないようにすることで、手のひらで摩擦を作り、その摩擦力でものを挟み、つまむことを覚えるのです。

実は、箸を使う場合、指の力は使っていません。小さい子供がやる握り箸（指を使わず手のひらで箸を握って食べる）は、見た目からして指は使っていません。しかし、それでもものを掴むことができるのです。ぎゅっと握っているのではなく、手のひらで柔らかく握り、食べ物を挟んで食べるのです。

指を使うのではなく、手のひらの手掌腱膜を使って摩擦力を生み出し、それを箸に伝えてものを保持する。それが箸を使うということなのです。私たちは食生活の中で自然に、手のひらの摩擦力を使いこなすことを学んでいるのです。

ズバリ、狙うべきは肩鎖靭帯

では腕の筋肉を使わない状態にして、どのように作業するのでしょう。力を生み出すのは肩です。

肩は上腕骨、肩甲骨、鎖骨の三つの骨で構成されています。そしてそれぞれに筋肉がついているので、それをうまく調整しながら動かすのは、かなり難しい作業です。そこで、それぞれについている筋肉を個別に認識し、単独で運用できるようにならないといけません。

上腕骨上部で大まかにいえば、上腕二頭筋、三頭筋や大胸筋、烏口腕筋などがあり、棘上《きょくじょう》筋《きん》、棘下筋《きょくかきん》、肩甲下筋、小円筋のローテーターカフ（79ページ図参照）も上腕骨頭についています。

肩甲骨では、メジャーなところでは僧帽筋、広背筋、大小菱形筋《りょうけいきん》、小胸筋、三角筋などや棘上筋、棘下筋、肩甲下筋、小円筋のローテーターカフ、大円筋、前鋸筋《ぜんきょきん》、烏口腕筋などで、上腕二頭筋、三頭筋も一部が肩甲骨についているのです。

鎖骨には大胸筋、三角筋、胸鎖乳突筋、僧帽筋、鎖骨下筋があります。

人間は肩を動かすだけでこのように、数多くの筋肉を使っていますが、それぞれの筋肉一つ一つを認識していないでしょう。

通常意識できるのは、僧帽筋、広背筋、三角筋、そして大胸筋、上腕二頭筋、三頭筋くらいでしょうか。その他の筋肉群は聞いたこともないかもしれません。

当然、手首や肘の関節は、動かすときにそれぞれの筋肉を意識しやすいのですが、肩関節は扱う筋肉が多すぎて、どう動かしているのかを理解できなくなっています。ある意味、あてずっぽうに近い作業です。

そこで肩を使う作業は、通常の生活の中にしか見本がないことになります。昔であれば当たり前の作業も、現代で使わなくなれば、あっという間に廃れてきます。

その中で最も特徴的に失ったのが、「かつぐ」動作です。現代生活では、重たいものを道具を使ってかつぐという作業は、ほぼ失われてしまいました。そのため、体術における肩を使う技術自体も廃れ、腕で作業しようと無理をします。結果、技が掛からない、ということになるのです。

肩は前肢構造の中で最も可動性が高く、力もあります。片手倒立ができる人は、自分の体重を支えられるということなのです。それだけの力を使うことができれば、相手を制圧するのは難しくありません。

肩の力は大きいので、摩擦がしっかり掛かっていれば相手の体幹にまで力が届きます。その際、上腕骨が動いてしまうと摩擦は消えてしまいます。相手を動かそうとして接触面を動かすので、合気は外れるのです。

合気の手で相手の身体の中まで作用点の形で力を届けることができれば、次はどの部分に力を与えるかです。攻めるポイントが重要です。あてずっぽうでどこかを押しても、相手が踏ん張れば無駄になります。

狙うのは肩鎖靭帯です。人間の上半身は出来の悪いヤジロベエです。二足歩行ゆえにそのヤジロベエは常に揺らいでいます。そんな不安定を細かく補正しているのが肩鎖関節です。

立っていても座っていても、上半身は小刻みに揺れています。そのため少し肩鎖靭帯に力が加えられると、あっという間に不安定になります。その少しの力は、肩鎖関節を2センチだけ動かす程度です。それ以上大きく動かすと、バランスを回復しようとするために相手の身体の体軸が強化されて、崩せなくなってしまいます。

このわずかしか動かさないということが、逆にとても難しいのです。乱暴な力の使い方ではなく、とても静かな精密作業なのです。合気の術が力任せの技術ではなく、丁寧で繊細な技術

肩鎖靭帯

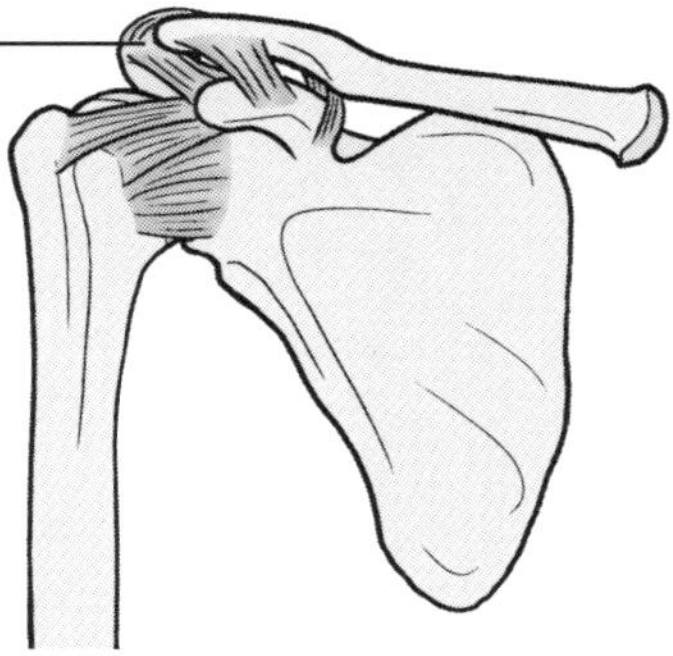

正面から見た肩の骨格図。鎖骨の外端と肩甲骨の肩峰で構成される肩鎖関節にあるのが肩鎖靭帯。

肩鎖靭帯と胸鎖靭帯

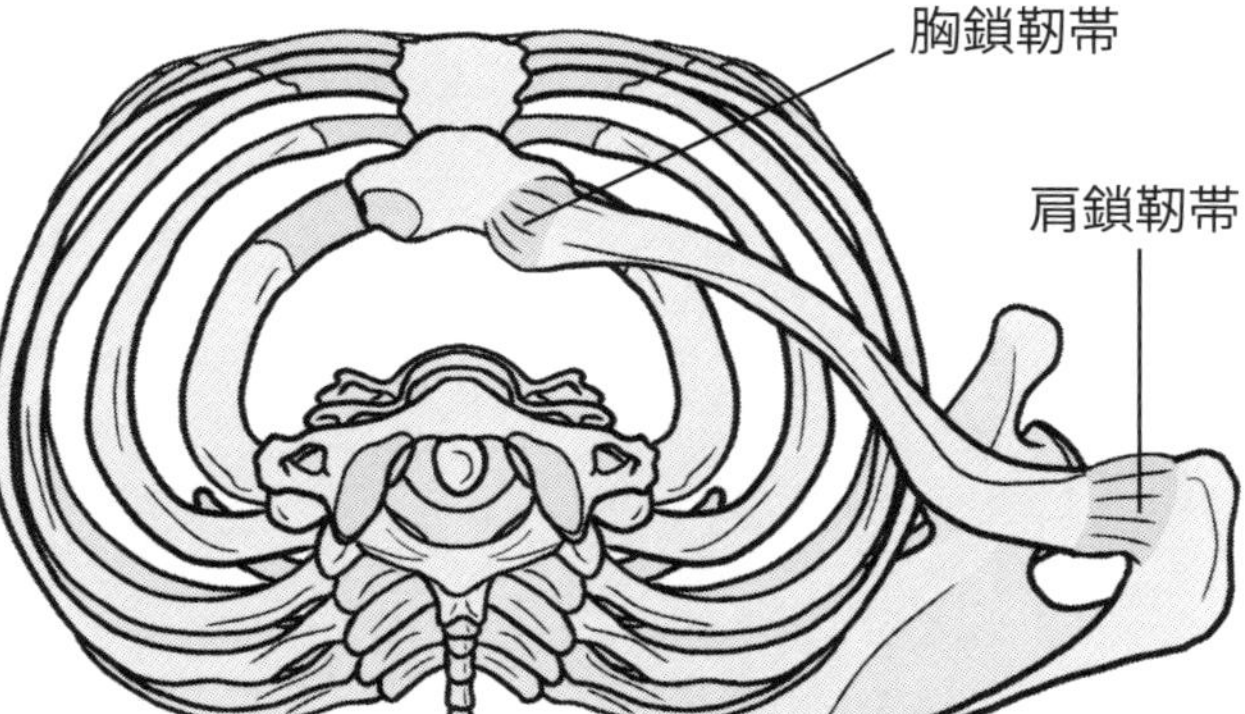

上方から見た肩と胸の骨格図。鎖骨の外端に肩鎖靭帯があり、鎖骨の内端と胸骨で構成される胸鎖関節にあるのが胸鎖靭帯。

なのはこのためです。

人は体術の目標として、相手を投げ飛ばしたり、関節技で取りひしいだりすることを目的としているので、こんな精密作業が必要なのだとは皆思っていないのです。

人はバランスを失えば、勝手にひっくり返ってくれます。子供や女性が、大の男を無理して投げ飛ばすことなど必要ありません。そんなことを無理にやろうとするから、術の難易度が跳ね上がるのです。

ふわっと触れて、ちょんっと崩して、ひっくり返せばよいのです。

合気が掛かっている状態とは？

合気がわかりにくいのは、掛ける技術がわかりにくいのではなく、合気が掛かった状態の定義がしっかりしていないからです。合気が掛かっているときに、何が起こっているのかの解析が曖昧で説明できないから、それが起こる原因を特定できず、技術を固定化できないのです。

今、合気を標榜する人たちのどれほどが、合気が掛かっている状態の説明をできるでしょう。

現象面は多少説明できても、原理面はまったく説明できていません。さらにちゃんと分類もできていないのです。

合気を掛ける人が「合気」という現象を理解していないにもかかわらず、弟子に教えているという悪循環が、日本武術の精髄を消滅させかかっている現状を生んでいます。

合気とは、剣術・体術だけでなく、日本のあらゆる武術に共通するかけがえのない概念です。教えられるレベルの人には、ぜひテキスト化して一般化してもらいたいものです。

合気が掛かっている状態とは、相手が自分のバランスを自分でコントロールできない状態です。上半身だけまたは下半身だけ、あるいは両方とも人為的に制圧し制御し、思うままに扱えるのが「合気を掛ける」ということなのです。相手に手首を握らせて相手を持ち上げたり崩したりするのは、その入口にしかすぎません。

上半身はヤジロベエ、下半身は自転車漕ぎ

人の身体は、上半身と下半身でバランスが違います。上は仙骨を支えとしてローリング（横

揺れ）するヤジロベエ、下は足裏を支えとしてピッチング（縦揺れ）を起こしやすい自転車漕ぎ、という二つのバランスで支えられており、いわば別々の存在だと考えてみてください。

しかし普通は、同じバランスで立っている、あるいは一つのバランスだと考えがちです。そのため自分で立ち、歩き、走り、踊っている場合も最低二つのバランスを扱っているという意識はありません。

ヤジロベエ

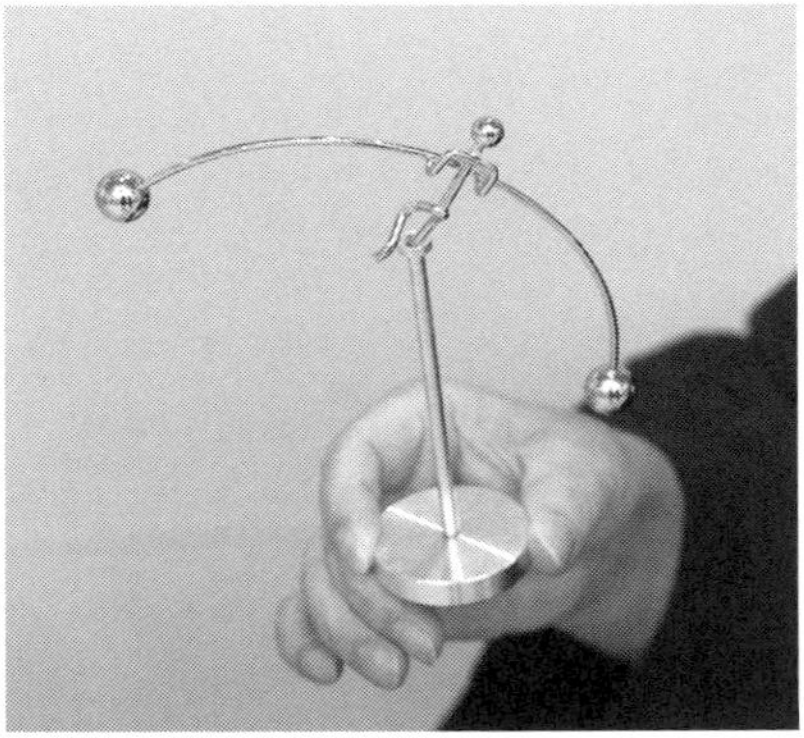

人の上半身は、仙骨を支えとしてローリング（横揺れ）するヤジロベエのよう。

ましてや相手のバランスが複数あるという意識がないため、それをどう扱うのかという意味では中途半端に終わります。上半身は崩せても、下半身は崩せないとか、相手の下半身が偶然崩れても、それをうまく活かせないという結果になるのです。

体術が力とスピードのぶつかり合いだけなら、肉体的強者を倒すすべはなくなります。弱者に必要なのは「術」です。技術は力とスピードを必要とせず、積み上げて正確に行うことだけで成立します。力やスピードを必要とするならそれは技術ではありません、力技となります。

ゆっくり行っても大丈夫なのは、その間、相手が動けないからです。ここに合気が必要な意味がわかります。触れた瞬間に、合気を掛けて相手を動けなくして、それからゆっくりと技を掛けるのです。「触れる」即「合気」、が触れ合気なのです。

どこが触れようと、一瞬で合気を掛けます。触れても合気が掛かっていないようでは、触れ合気とは呼べません。相手の手が触れた瞬間に、相手の上半身のバランスを奪います。

摩擦係数を上げると合気が掛かる

触れただけで合気を掛けられるのは、「繋ぐ」ことができるからです。繋ぐための技術とは、摩擦係数を上げることです。

私の YouTube の映像にもあるように、力の伝達は摩擦があるから成り立ちます。摩擦がなければ滑るだけですが、ちゃんと摩擦があれば映像のように、ありえないような現象が起こせ

滑り止め付き手袋の摩擦で

摩擦力があるから「触れ合気」ができる。滑り止め付きの手袋を着けると、摩擦がわかりやすい。

ます。

枝にぶらさがったり、押したり引いたりできるのは摩擦力があるからです。

それゆえ接触点に摩擦係数が増すような状態を作れればエネルギー伝達が可能となり、触れた腕を上に引き上げられるようになります。それを使って、刀を触れただけで甲冑武者を崩したり、釣り上げたりできるのです。

尾張柳生の春風館初代館長であった神戸金七師範は、尾張柳生新陰流の継承者の柳生厳周師の弟子でしたが、「新陰流の剣は、剣とくっ付く」と言われたといいます。それは柳生新陰流が甲冑剣術でもあった証拠です。

ではなぜ摩擦係数を増やすことができるのかです。新陰流の技術が回答です。新陰流の柄の持ち方、「龍の口」にその秘密があるのです。新陰流は本来、甲冑剣術です。甲冑剣術の本質は「切る剣術」ではなく、「崩すことができる剣術」なのです。

「龍の口」で柄を持つというのはどういう感じなのでしょう。柄を指で握らず、手のひらで掴む形です。つまり指の筋肉を使わず、手のひらの手掌腱膜を使って柄を持つのです。手掌腱膜は手のひらに摩擦を作るメカニズムです。先祖が樹上生活者である人間は、手のひらに手掌腱膜を備え、それを使って道具を持ち、手すりに掴まり、つり革にぶら下がるのです。

このことを柳生石舟斎は「手の内、猿の木を取るごとし。強からず弱からず」と表現しています。

その「龍の口」で持つ剣で相手の剣や甲冑に触れると、摩擦係数が大きいので「繋がる」ことができ、引いたり押したり、あるいは上げたりすることができるのです。

さらに摩擦係数を上げるには、接触面が静止していることが必要です。触れているところを動かせば、当然摩擦力はなくなり、エネルギーは伝達されなくなります。握られた手首を使って関節技を掛けるために動かしたり、相手を倒すために押したり引いたりすると、合気（静止摩擦）が外れるのです。合気道や合気柔術で、合気が掛かりにくいのはそのためです。

これを防ぐために、接触面から最低一つ以上の関節を離して、小手（橈骨や尺骨）や上腕（骨）を動かさずに、肩甲骨や鎖骨で肩を動かし、それにつられて上腕骨を動かすようにすれば、接触面の静止を維持できるのです。

この甲冑剣術の技術を使い、刀を持たずに無手で同じことを行うのが、「合気の術」なのです。大東流の中で日本伝合気柔術が接触技術だけで合気の術を使えるのは、古い新陰流の甲冑剣術とその裏にある小具足術を可能とする教伝を継いでいるからです。

接触面を静止して肩を動かす

相手と触れ合った接触面は、摩擦力を維持するために静止させる。接触面から離れた肩からの動きを使う。

新陰流の甲冑剣術で合気を使う

柳生石舟斎が、孫の尾張の柳生兵庫之介利厳に刀法の極意を伝えたもの、それが「没茲味手《もつじみしゅ》段口伝書《だんくでんしょ》」です。

江戸柳生家の柳生十兵衛の書いた「月の抄」の中では、「没茲味手段」の項目に「父（宗矩）云う、これは手の内の心持なり。小指より上の二つ（薬指と中指）を、敵打つに随い締め合わせよと云う儀なり」「打ちの内に打ちありと云うもこの心持なり」と書いています。さらに「手の内猿の木を取るごとくの事」の項目には「亡父（石舟斎）の録には、手の内猿の木を取るごとし。付けたり（補足）強からず、弱からず。心持ち口伝」と書いています。

また「父（宗矩）云う。これは手の内強気ことを嫌うなり。強みは大指の股に力を詰めよ、強きなり。握り詰むるを嫌うなり。猿の木を取る手の心を感じ知るべし。強からず、弱からず、敵の打ちに合うとき締むる心持なり」「又、小指より二つ目の指（薬指）を打つに随って締むる事肝要なり」とも書いています。

これこそ、まさに合気の手の本質を明らかにするものです。この手の内が使えるから、甲冑剣術で刀を付ける道具として使えるのであり、新陰流の技術が合気の術として使えることの証左です。薬指と手掌腱膜の根の部分を使って合気を掛けることは、すでに石舟斎の時代には確立していたのです。

column

◎武士の表芸が剣術になったのは家康の趣味

実は武士の表芸が剣術になったのは、徳川家康が剣術好きという、もの好きだったためです。織田信長や豊臣秀吉は剣術に興味を持っていませんでした。彼らにとって武士の能力で最優先されるのは軍勢の指揮能力であり、それは人使いのうまさでした。秀吉が半農の下級武士から軍団長まで引き上げられたのもそのおかげです。

また、白兵戦においては相撲が一番役に立つと考え、相撲大会などを繰り返し、優秀な者を召し抱えたりしたのです。勇猛な武将であった加藤清正なども、剣術は戦場においては何ら役に立たないと断言していました。

ではなぜ剣が武士の表芸になったのか？　それは徳川家康が凝り性で、さらに剣術好きであったことが原因と思われます。

家康は対豊臣戦略として、当時は領地を失っていた大和の小大名であった柳生家を味方に引き入れるために、柳生石舟斎を引見し新陰流を見せるよう求めました。

実はすでに家康は、その時点で他の流儀の免許皆伝を得ており、それゆえ技を見る目もあり、世上で名の高い新陰流を見たいと望んだのでしょう。そして新陰流の無刀取りを見た途端に弟子入りを嘆願しました。石舟斎は自分の年齢を理由に息子の宗矩を推薦し、家康は彼を召し抱えます。

それもこれもオタク的に剣術好きである家康ならではのエピソードと思われます。上の者が好めば、当然のように下の者も好みます。各藩でも新陰流は大いに栄えました。

もし織田政権や豊臣政権が続いていれば、今のような剣術隆盛はなかったのでは、と思われます。戦国期の常識からすれば、剣術など歩卒の芸にすぎず、剣術家など「芸者」と蔑まれさえしていたのです。

歴たる騎乗の武士からすれば槍こそ表芸であり、徒歩武者といえども剣などは頼りない武器でしかありませんでした。なぜなら相手が甲冑武者でも、初撃で致命傷が期待できる槍と比べ、刀ではいくら切り付けても致命傷が期待できないからです。洋の東西を問わず、戦場での主戦武器は、弓矢を除けば、槍だったのは常識なのです。

それにもかかわらず、江戸期が経過するうちに、いつの間にか常時携帯している打刀が武士の魂になっていきました。殺伐な戦争道具から、精神性・神秘性も付与されるという特殊な扱いをされるようになったのです。それもこれも、江戸幕府の創始者である家康の趣味の結果と考えると、いささか不思議な気がします。

摩擦を作る作業が「静止」（無刀捕りの極意）

相手と触れたところを動かすのは厳禁です。そうすると静止摩擦がなくなり、力の伝達ができなくなるからです。しかしほとんどの場合、握られたりしているところから動かそうとするので、静止構造がなくなり、結果的にエネルギーが伝達できないので、動かせなくなるのです。さらに、支点となるべき接触点が静止できず、支点揺動が起きるので正しい梃子が成立せず、梃子力も成立しにくくなるのです。

そこでできることは、静止している場所を広くとり、そのままの状態を固定して運ぶことです。

例えば、手のひらが相手に接していて、手掌腱膜を使って摩擦力を作り合気を掛けたら、小手や上腕の筋肉を使って動かそうとすると、途端に合気が外れます。そこで、肩関節の一部である肩甲骨についているローテーターカフを使用します。上げるなら棘上筋、下げるなら棘下筋、回すなら小円筋、押すなら肩甲下筋です。

特に接点を「静止」状態にする方法が、上腕二頭筋、及び上腕三頭筋を一切使わない、いわば死んだままにする、「死に手」にしておくことです。これは、肘の角度を真っ直ぐか直角にしておいて、肩を動かして作業することで可能になります。

これは甲冑剣術の肩の使い方と同じです。つまり、甲冑剣術がなぜ相手を崩せるかというと、新陰流の「打つ（切る）拍子」ではない「付ける拍子」を実現し、静止状態のまま摩擦で力を徹し、相手を崩せるからです。

私は、「合気」の技術は体術ではなく、剣術由来ではないかと考えています。命のやり取りが当たり前の戦場だからこそ、生き残るために編み出されたのが、刀を通じて「崩す」技術でした。それが体術に応用され、新陰流「無刀捕り」の三勢（手刀捕り・無刀捕り・無手捕り）に結実したのだと思います。

自分の刀の代わりに、小手を刀と見なして、肘を使わず肩で処理する。まさに同じ技術です。力でガツンと受けるのではなく、合気を掛けて柄捕りを行う、それが真の無刀捕りなのです。

甲冑剣術の付ける拍子

元々は甲冑剣術である柳生新陰流の「付ける拍子」により、静止状態のまま摩擦で力を徹し、相手を崩す。「打つ（切る）拍子」ではないことに注目。

小手を刀として使う

甲冑剣術の「付ける拍子」は、刀ではなく小手でも行うことが可能。

第5章

柔術ができると合気がわかる

～力とスピードが不要の術理～

大東流柔術118本の謎

武田惣角が大東流を教えた証として最初に渡す免状が、柔術118本の「大東流柔術秘伝目録118條裏表」と言われています。しかし、その118本を教えている流派はほとんどありません。

実際、私自身も何人かの師範に問いましたが、118本を全部知っておられる師範はほとんどおられませんでした。「秘伝目録」も技名もなく「第○○條」という形で、中身も「一か條右手打ち出して　あと口伝」というだけです。

また講習会などで惣角から学んだ経験者も、伝書を見て「こんな技は習っていない」という有様です。つまり、惣角自身、伝書に沿った形での教伝はしていなかったということです。

では伝書はどういうものだったのでしょう。惣角が非識字（読めない、書けない）だったのはよく知られていることですので、実際には誰かに代書させたのだと思われます。しかし、それならそれで教えたなりに伝書を書かせればすむことです。しかし、伝書通りに習った人はほとんどいませんし、技名もないため検証が困難です。

では伝書は何のためにあったのか？　卒業証書と捉えてもよいですが、元は何だったのでしょう。何か他の伝書のコピーなのではないか、とも思われます。しかしそう都合よく「１１８本」になる伝書があったのか。

そこで惣角の言った「もともと大東流は１０８本の柔術技があり、１０本足して１１８本とした」という言葉がヒントになります。つまり、おそらく１０８本の伝書があり、それに１０本足した伝書を作ったということではないでしょうか？

しかし、それにしても「柔術１１８本」を全て修めた教授代理が少なすぎます。息子の時宗伝の系列は別として、柔術を１１８本の形で教えられる系統がほぼないのです。今残っている堀川伝、佐川伝、山本伝、松田伝、合気道など、どこにもありません。久伝系の琢磨会は、時宗伝を移植したものなので、今

大東流柔術秘伝目録の伝書

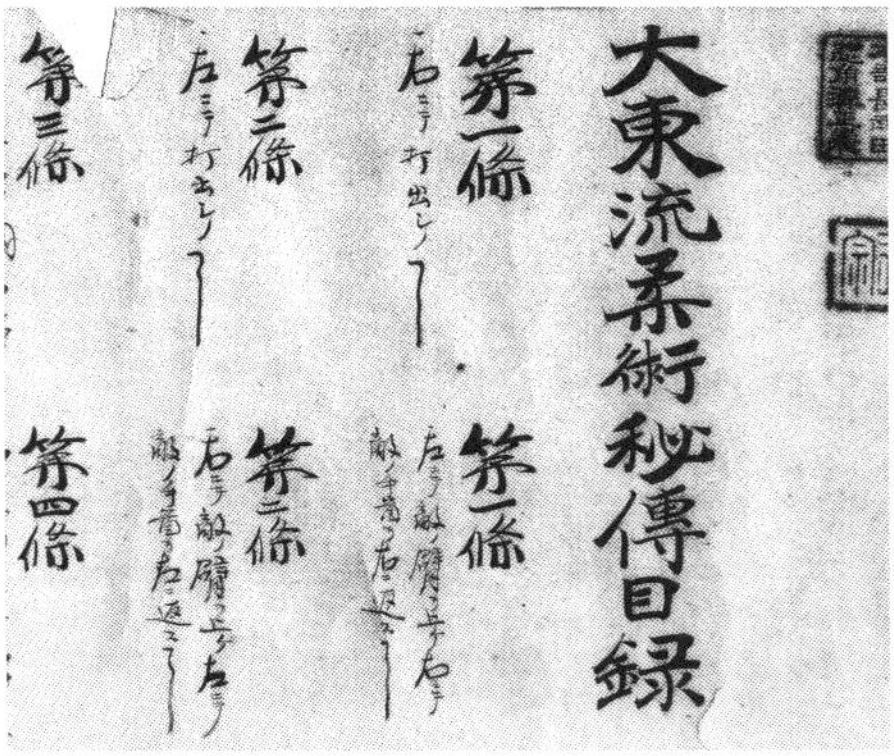

「大東流柔術秘伝目録 118 條裏表」

や日本伝と時宗伝にしか残っていないのかとも思われます。

なお私は、残念ながら時宗伝の118本は柔術としての精度について疑問を感じ、大東流柔術の技術としては物足りなく思っています。

惣角は、教伝の初期は柔術の免状を出していましたが、やがて合気之術の免状などを出すようになりました。大東流を学ぶ人たちには、柔術の基本技術はさほど重要視されていないように思われます。合気が掛かってさえいればそれで十分、他は要らないという感じです。

しかし、私のように柔術・合気の術・合気柔術を別途の技術として学ぶと、そこは大きく違ってきます。例えば、柔術118本の型を、合気の術で演ずればどうなるか、合気柔術でやればどうなるか。

それぞれの技術の違いや効果の違いなどを、運動科学として相互検証することで、はっきりすることがたくさん出てきます。ですから合気だけを学ぶ派では、どこまで行っても柔術がわからないし、その派でいう柔術は技術的にはほぼ合気柔術です。そして、柔術でも合気の術でもない、中途半端な合気柔術になってしまっています。

その意味では、例えば今の合気道はどこまで行っても合気柔術の域を超えることはできません。植芝開祖はそうではなかったのですが、その後の変化で大東流柔術とは決別し、合気の術は封印した、ということなのでしょう。

今の合気道に、不思議さや魔術的なところはありません。誰でも練習すればできた気になれるだけの普通の格闘技になっています。

柔術をしっかりと学ぶことで、合気を掛けることが理解できます。それは柔術ではできないことがわかるから、合気で代用しよう。では代用するにはどうするのか。

そこで、合気の術のどの技術を使うのか、ということになるのです。例として言うなら、筋肉の力では足りない、ではバランスを崩して不安定にして制圧しよう、という代替案です。

術ですから、それぞれ長所と短所があります。代替も可能だし、両方を組み合わせて使う方法もあります。それが合気柔術です。ですから、柔術をきちんと学ぶことは、合気を学ぶことでもあるのです。

柔術とは和（やわら）である

私の稽古では、柔術とは筋肉を使う技術という位置づけです。とはいえ力やスピードというエネルギーを使って、無理やり技をかけるのではありません。細かな技術を使って相手を制御するという意味では、合気の術と変わりません。逆に、合気の術よりも繊細な部分もあるのです。相手の反射を利用する合気の術は、ある意味で相手任せの部分もあるのですが、柔術は徹頭徹尾、相手を押さえ込み「箱詰め」にする、一人よがりの作業です。

相手よりも強く、速くではありません。あるいは力に対してスピード、スピードに対して力でもないのです。力とスピードは、エネルギーの裏表です。エネルギーと対比するのが技術で、柔術も術なのです。

どのようにすれば相手に力を使わせないようにできるのか、相手のスピードをどう封じるのか、相手の力やスピードを生み出すメカニズムを封鎖することです。

例えば、関節技も相手を痛めつける技ではなく、動きを制御するためのものです。なぜなら、関節技でとどめをさすのではなく、相手が動けなくなれば良く、とどめは別の方法を行います。そのため、大東流柔術118本では、関節技がとどめにならないことが多いのです。

column

◎茶道から学ぶ運動の部品化

私は、裏千家の茶道を若い頃に少し学びました。そこで一番に気づいたことは、稽古が動きの因数分解だということです。

それは稽古の初歩では、一つ一つの動きが、関節を一つだけ使う運動で、二つ以上の関節を使わない動きを学ぶもので、それは動きをバラバラにして稽古しやすくすることなのだということです。

例えば、水指《みずさし》から柄杓《ひしゃく》で水を汲み窯に差す（そそぐ）一連の動作を、水指から水を汲み、それを腕ではなく肩で真っ直ぐ持ち上げ、窯まで水平に移動させ、窯の淵に真っ直ぐ下ろし、肘を傾けて柄杓で注ぐ、という細かい動作に分けて行い、一見面倒な一連の動作にします。

そうすると、一つ一つの動きを精度高く、同じ軌跡で行えるようになります。これが稽古を精密に行えるようになる秘訣です。

私はこれを、動きを「単関節」だけで行う「単関節運動」と名付けています。これで運動をいわば「因数分解」して、一つ一つの動きを部品化し、それを磨いたのち、また繋ぎ合わせて一連の動作に戻すという、やや面倒くさい手順を踏むことによって、技の練度を上げていきます。

このように茶道にも、身体をどう扱うかという日本古来からの知恵が詰まっているのです。

柄杓を使う動作

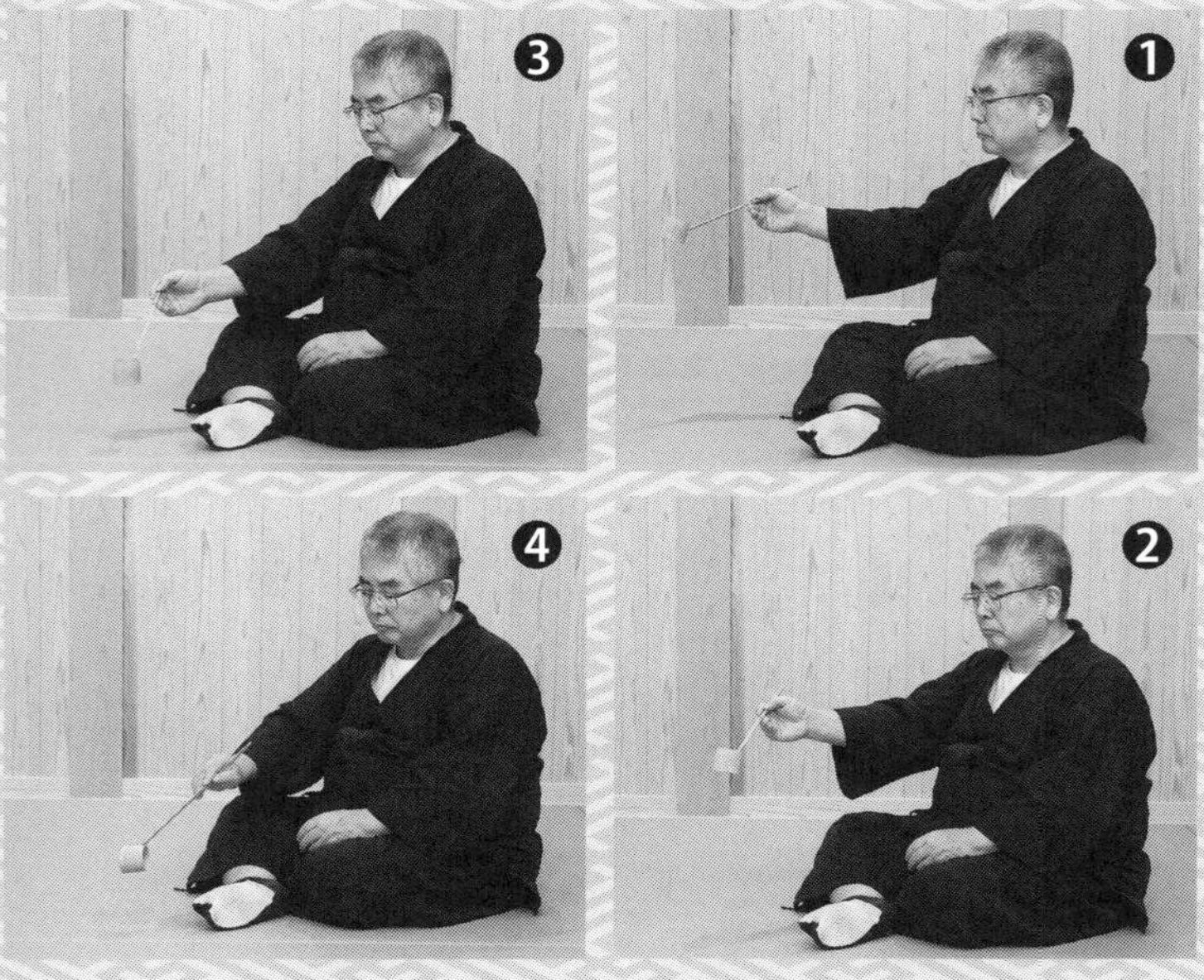

柄杓を腕ではなく肩で持ち上げ、水平に移動させ、真っ直ぐ下ろし、肘を傾けて注ぐ。茶道では、細かく動作を分けた「単関節運動」で練度を上げていく。

関節技は指にも掛ける

例えば、通常の関節技は、相手が本気で抵抗すれば掛からないものです。だから掛かるように技を磨き、仮当ての当身で気をそらせたりして、掛かるように持っていきます。

合気道や大東流では、小手返しなど手首にかける関節技が多いですが、手首は基本的には真っ直ぐにしか曲がりません。ねじられているのは橈骨と尺骨が交差しているだけです。

また手首は８個の手根骨でできており、手首にかかる負荷を分散でき、またかなり頑丈にできているので、力任せの技は掛かりにくいのです。

そこで、掌に掛ける簡単で有効な関節技の一つは、指捕りです。他の柔術でも指を捕る技術は多種多様にあり、握られたらまず指の爪の側面に圧力を加えて指の力を失くし、次に、指のそれぞれの関節がゆがむように力を与えて捕ります。

人間の指は精密に作られた操作器具なので、他の部分と比べると極端に圧力に弱く、たとえ技術が拙くても、効果的な攻めが行えます。余分な力やスピードを加えると、華奢な指の関節や骨は簡単に壊れてしまうのです。

手根骨を詰める

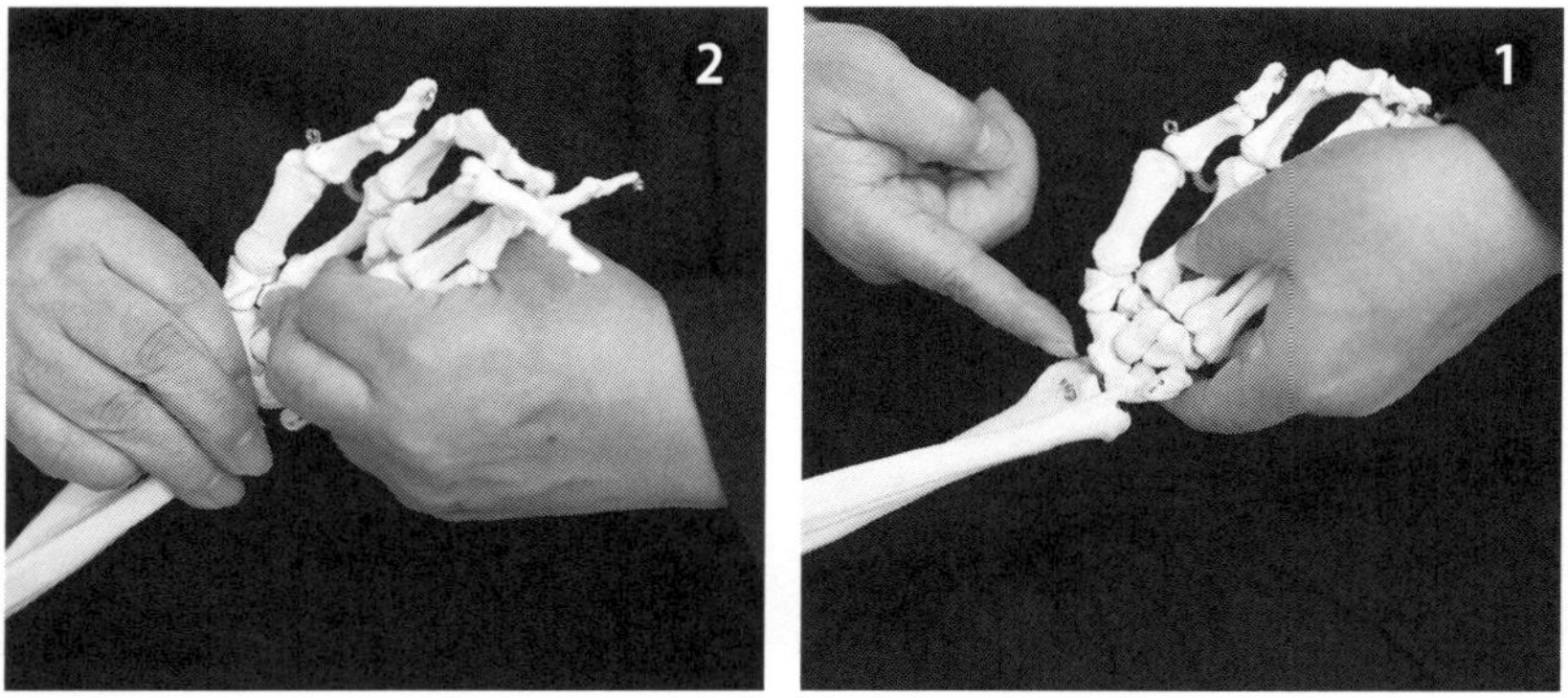

手首にある８個の手根骨（写真❶）。手根骨を詰めるようにして手首に関節技を掛ける。

手根骨を詰める小手返し

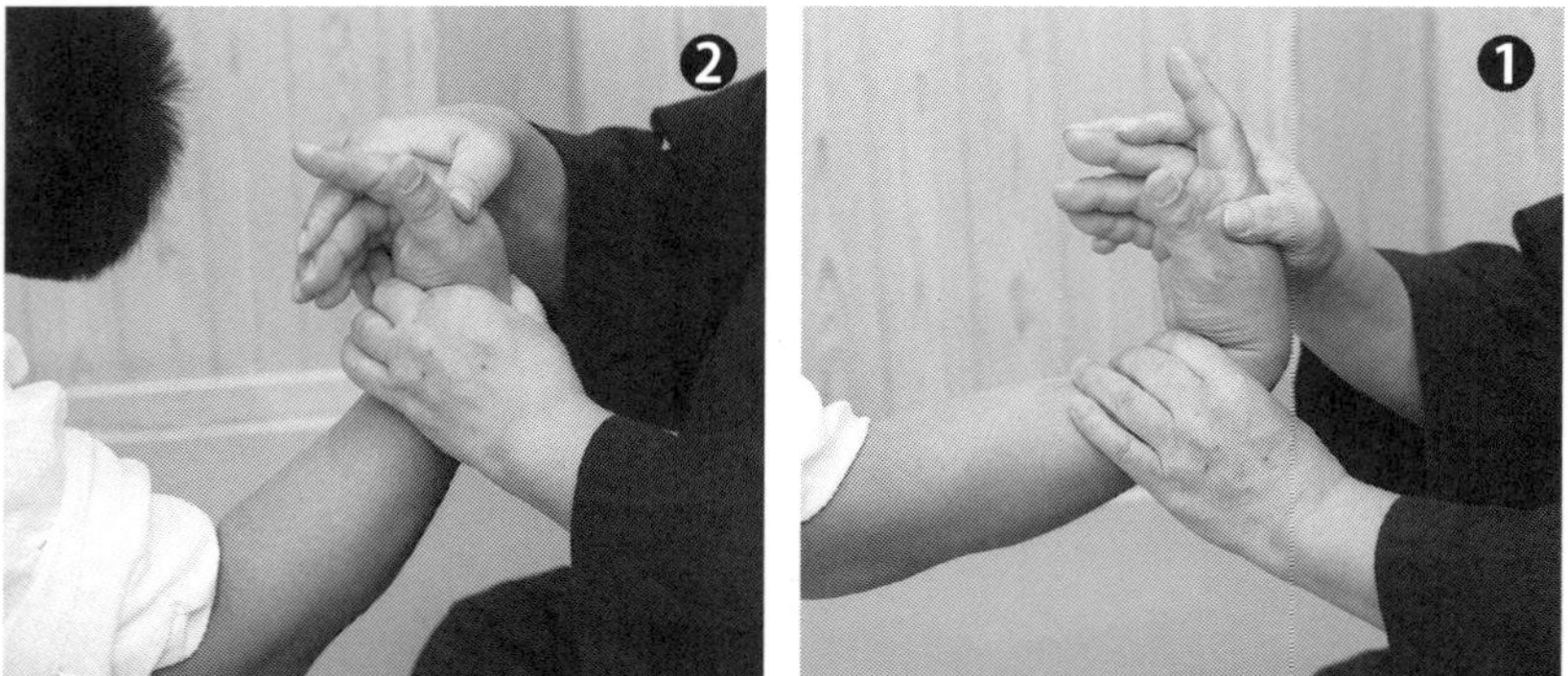

手根骨で力を分散されないように、手根骨を詰めるようにして小手返しを掛ける。

指関節捕り

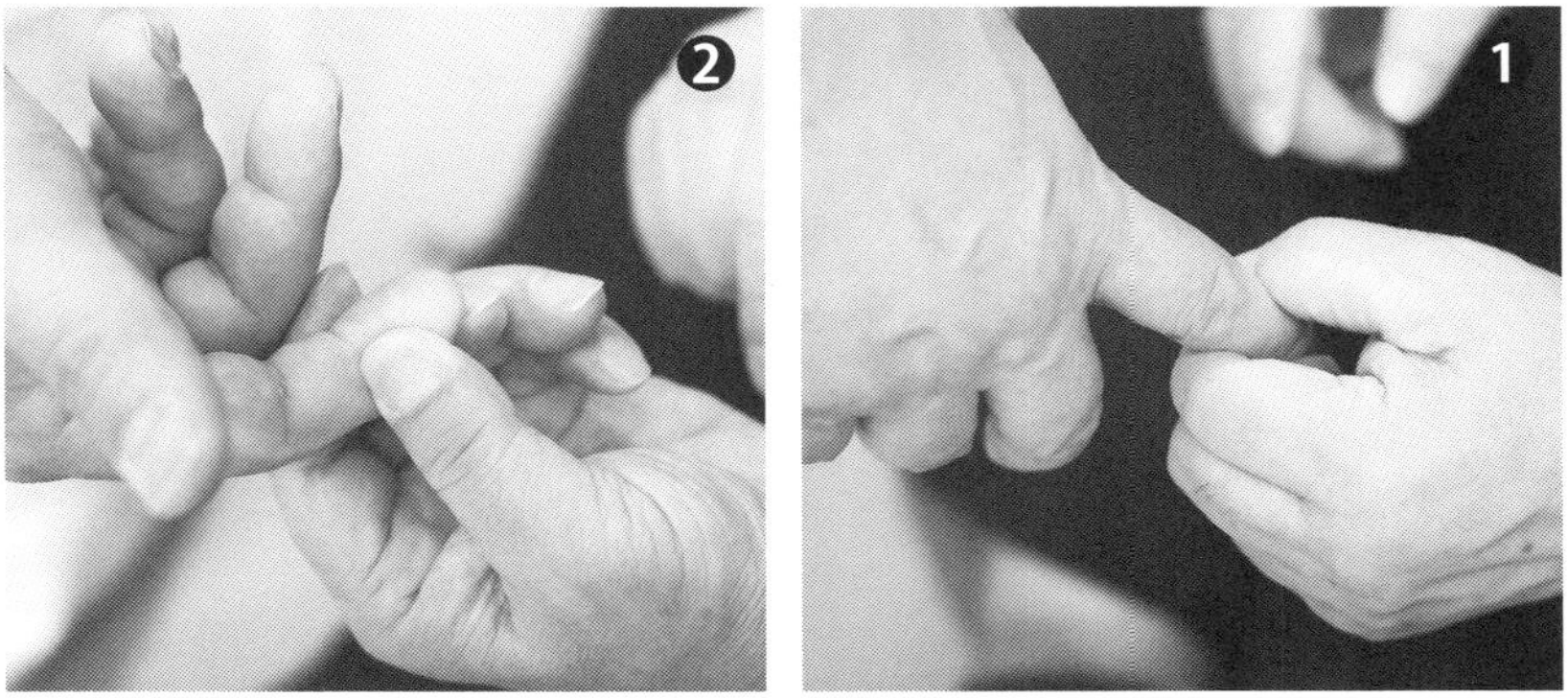

手の指への関節技はかなり有効。爪の側面に圧を加えてから、指関節をゆがませていく。

ではなぜ、現代武道はこれを教えないのでしょうか。それは稽古が危険になるからです。また武道を学ぶ人たちに、肉体的弱者である老人・女性・子供が増えたことも原因と言えます。

このように武道では、本来簡単で効果的な技が、練習や試合で事故を起こしやすいという理由で、改変されたり禁止されたりする例が多々あります。目突きや金的攻撃、首絞めは言うまでもありません。

また、例えば柔道の一本背負いなどは、武術的には明らかに改悪されました。柔術では本来、一本背負いの形では、肘は逆肘で折るような形で極めて投げるものであり、また相手の内懐に入り込むと覆いかぶさられるおそれがあるので、相手の外側に移動してかつぐように投げるのが本来の形です。

しかし柔道では試合などでこれを実践すると、けが人が続出という事態になってしまい、肘を折らない形に変更されていきました。

また近年では、両脚で相手を挟む蟹挟みという横捨て身技は、当時の柔道界のホープであった山下泰裕選手（現日本オリンピック委員会会長）が、この技で左脚を骨折したことが原因で、禁止技となってしまいました。

つまり、試合で使えるかどうかが最優先であり、武術で有効な技は危険であるという理由で、武道からはどんどん失われることが多々あるのです。

これと同じことは他の武道でも起こり、稽古時に危険な技はすべて禁止技となっていきました。試合をするための武道には、本来の護身という目的を失い、試合に危険な技は見捨てられ、失伝するという本末転倒な事態が起こっているのです。

指捕りの技術も、本来は肉体的弱者が覚えやすく有効な技であるにもかかわらず、合気道のように試合のない武道でも一部の師範を除き、ちゃんとした指導ができなくなっています。目突き、金的、首絞めなどは言うに及ばず、ですね。

現在の一本背負いと本来の一本背負い

柔道の一本背負い投げは現在、安全性確保のため、相手の肘が曲がる体勢で行う（❶）。しかし本来は、逆肘で折る形で極めて投げる技だった（❷）。

蟹挟み

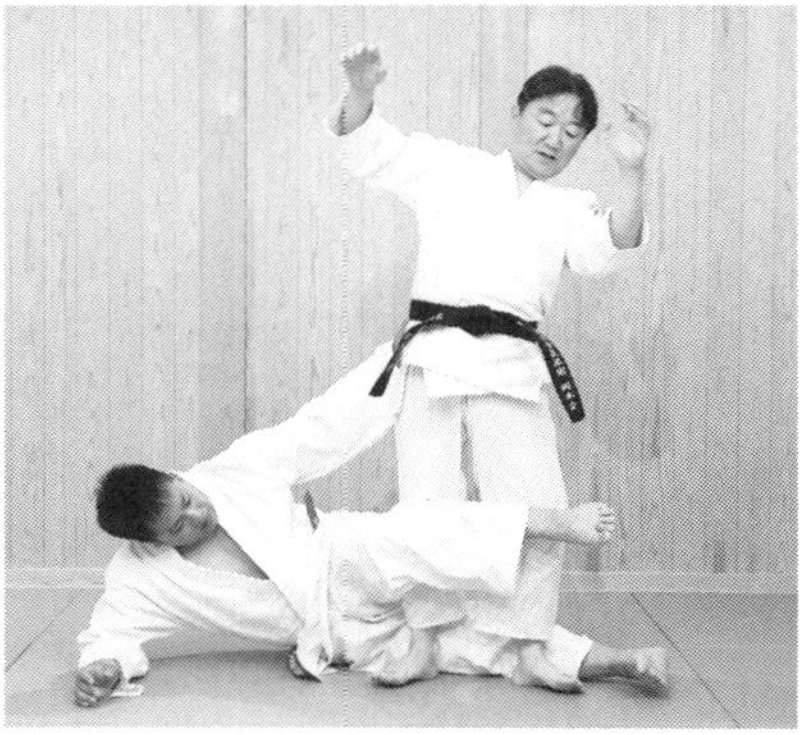

柔道の蟹挟みは、奇襲技として非常に有効だが、相手の脚を壊す危険な技である。

親指捕り

小手返しは、親指の関節を極めながら行うと非常に効果的。ただし、これも危険な技といえる。

話を元に戻すと、両手で手首に小手返しを掛けるくらいなら、親指捕りを最初に教えたほうが、よほど効率的だとは思えませんか？

朝顔の手は「柔術の手」である

合気道や大東流で、相手に手首を持たせ、開掌や朝顔の手を掛けるのはどういう意味なのでしょう。

開掌の意味は、掴んできた相手の指の第一関節の先にストレスを掛けて、さらに握りこませるためです。開掌は手のひらを開くのであって、指を開くわけではありません。手のひらを開くことにより、持たせている相手の指の最先端に負荷をかけて、手首・肘まで硬直化させてコントロールできます。それにより、さらに相手に握りこませるという効果も生まれます。

次に朝顔の手です。この技術を合気と考えている方が多いのですが、実は柔術もしくは合気柔術です。朝顔の手は手の開き方に意味があり、三つの方向の力を導き出し、相手の反応を混乱させる方法です。そのため、相手が握ってくれないと使えない技術です。実用品とは言えませんが、相手と繋がり、梃子を掛けることを学んでいくための重要なピースです。

朝顔の手を合気の入り口と思うのは構いませんが、それが万能な合鍵のように考えると、合気の迷路から抜け出ることはかないません。

開掌

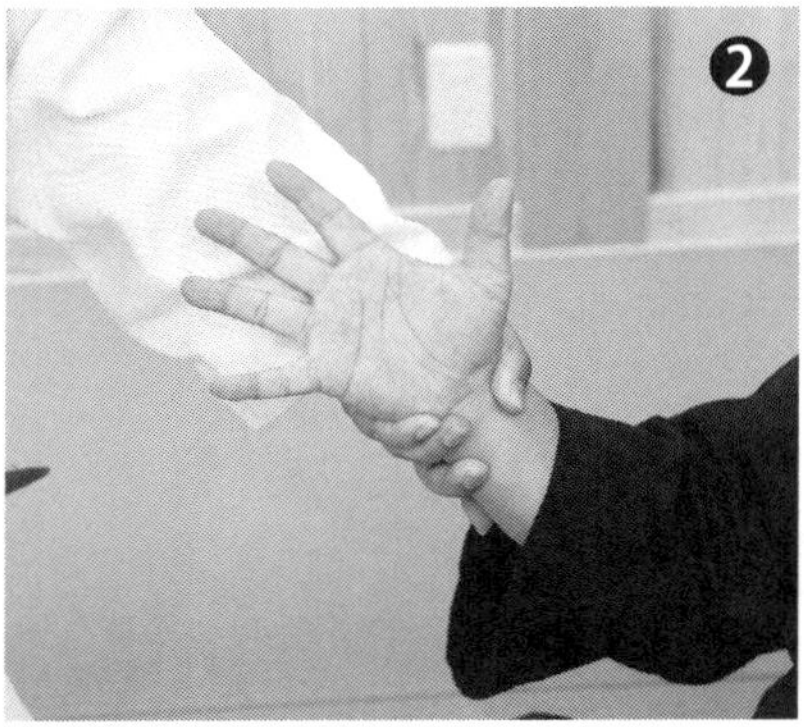

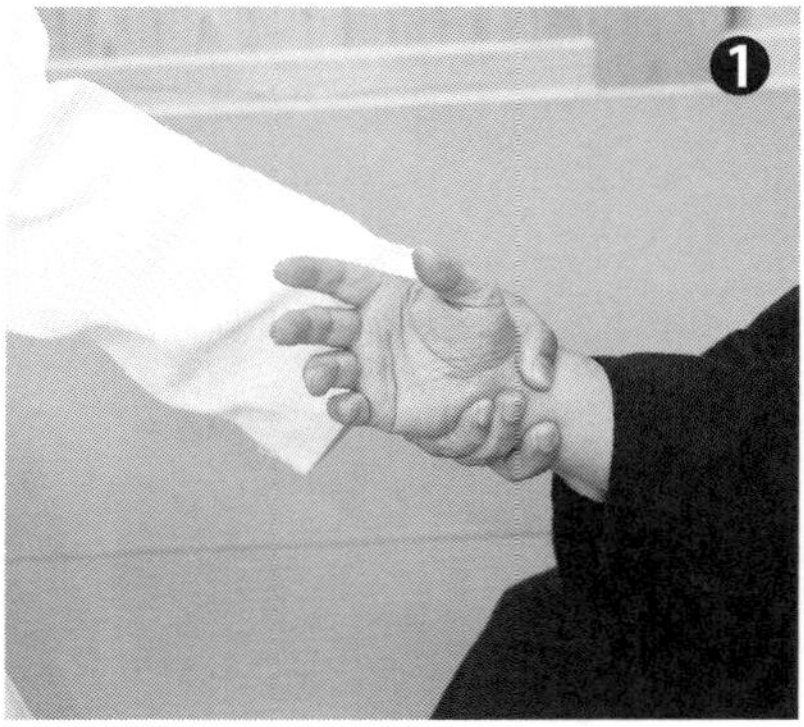

相手に手首を掴まれた場合、手のひらを開くことで、相手の指先に負荷をかけて手首・肘まで硬直化させる。

合気上げをすべての大東流が稽古方法と考えてるわけではないのと同様に、朝顔の手を教えない派もあるのです。つまり、合気上げを重視する派は、朝顔の手を大事にするという関係だということです。

朝顔の手の技術は、親指と小指そして人差し指を、物理学で学ぶ「フレミングの手」のように、それぞれ直角になるように組んでいきます。そうすることで、力の空間ができ上がり、相手の力や反応を制御できるという理合いです。

朝顔の手

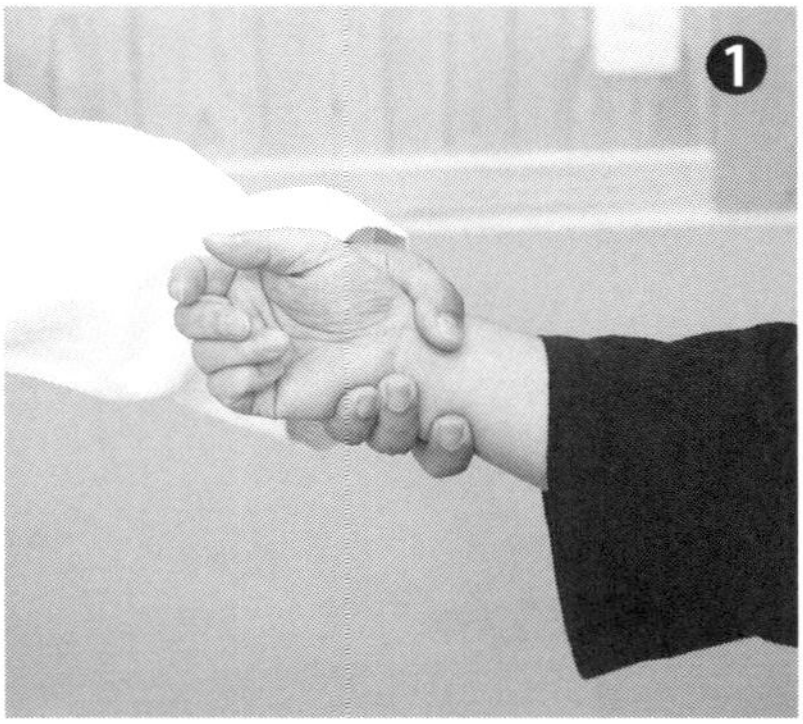

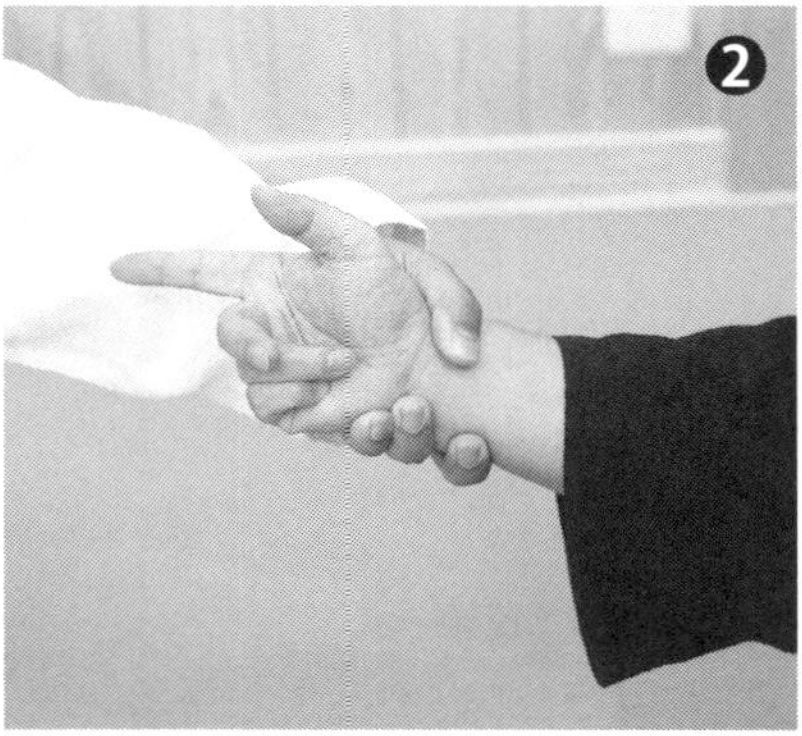

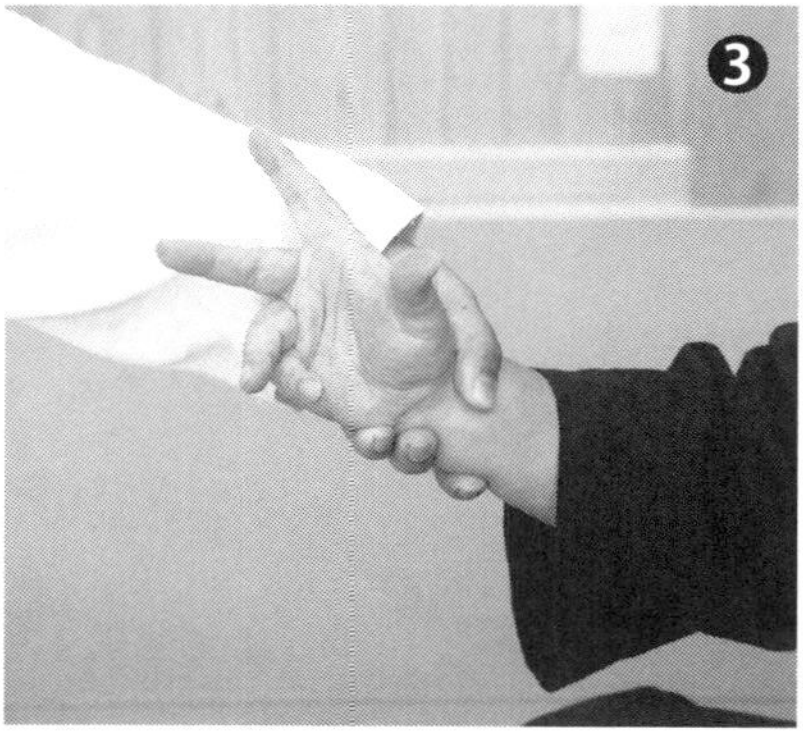

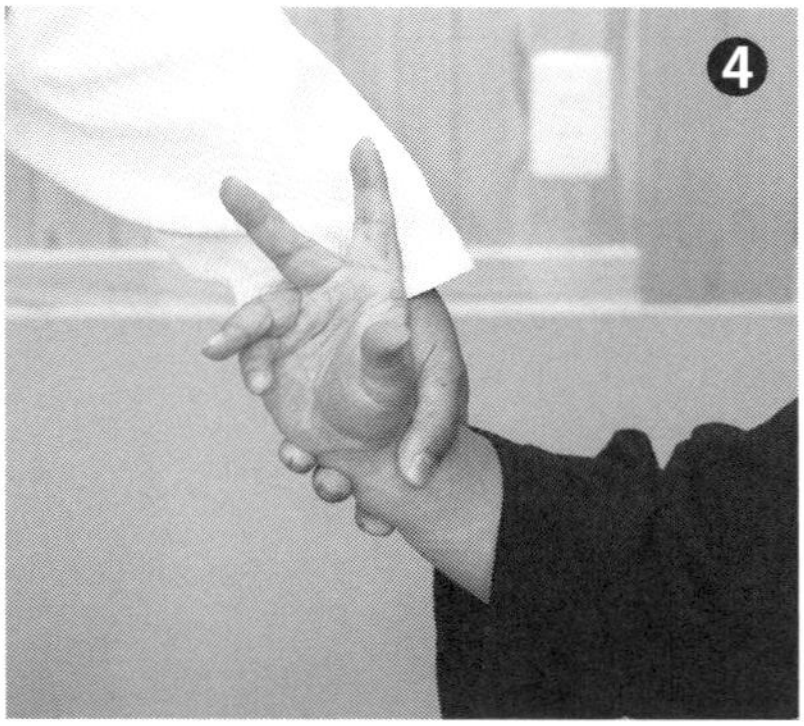

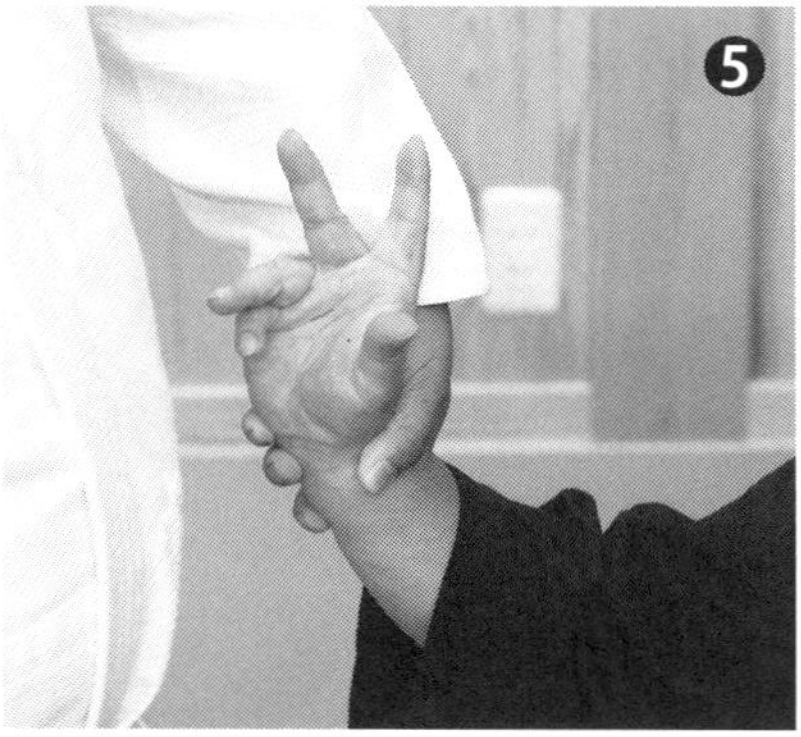

「朝顔の手」は、「フレミングの手」のように三つの方向の力を導き出し、相手の反応を混乱させる技術。

朝顔の手と龍の口、それは柔術の手と合気の術の手

朝顔の手は、三つ以上の力を手のひらに作り出す技術です。人は二つ以上の力を体感すると、対応が難しくなります。それによりさらにもう一つの力を加えて相手を崩すのですが、その力をどこで発生させるかです。通常は小手の筋肉を使って発生させます。しかしそれでは、力に力を足していく形になります。つまり構築するのに時間がかかるということです。

柔術が筋肉を使って施す技術であるという本質から、力の足し算であることは当然です。朝顔の手では、手のひらで三つの力を発生させるために、意識的に筋肉を使い分ける必要があります。

さらにいわゆる合気上げでは、小手の伸筋を使うとされています。それは当たり前で、上腕三頭筋を使うと小手は下がるので、持ち上げることができません。となると上腕二頭筋という屈筋と、小手の伸筋をうまくシンクロさせなければならないので、難しい作業になるのです。

一方、「龍の口」は新陰流の柄の持ち方です。筋肉ではなく手掌腱膜と手首の靭帯を使い、指の筋肉などを使わず、常時合気が掛かる状態を保ちます。それにより相手の刀や甲冑に触れ

た途端に合気が掛かり、崩せるようになります。つまり、合気の手です。

残念ながら、大東流のほとんどの派にはこの手が伝わっていません。まず惣角から剣術を学んだ教授代理がほとんどいないこと。「進履橋」を授けられたのが植芝盛平のみで、免許皆伝は久琢磨のみ。新陰流の体術を学んだのもその二人だけ、と思われるからです。

実際にいくつかの大東流を学び、またYouTubeなどで映像を見ても、合気の術の手の内を見ることができません。それは技の優劣ではなく、その伝を教伝されていないので仕方ないことなのです。

揚げ手は「かつぐ」力を使う

いわゆる合気上げですが、ほとんど場合、合気が掛かっていない、単なる「揚げ手」になっています。さらに、上がるようになると合気がわかるといわれますが、そんなわけがありません。使う筋肉が違います。小手の伸筋、そんなわけがありません。

手首を掴ませて上げる形は、大東流・合気道に限らず、多くの柔術でも「切り手・解き手」

などにあるので、大東流の専売特許というわけではありません。他の柔術にあるということは、「合気」とは直接関係ないのです。

ではなぜ、そのような訓練をするのでしょう。それは小手と上腕の筋肉を使わずに、上げたり下げたり崩したりできることを学ぶためです。

現実問題として、相手の腕の力と自分の腕の力が正面衝突していては、使えるはずがないのです。ただ、合気を理解して「力を徹す」ことができれば違いますが、それは柔術ではなく合気の術です。

柔術でそれができるようになるためには、腕の筋肉ではなく肩の筋肉を使いこなすことが必要なのです。

人が上半身の力で重たいものを持ち上げるには、腕の力だけでは無理です。俵を持ち上げるのは無理でも、かつぐことならできます。

小手・上腕の筋肉を使わずに、相手をかつぐように持ち上げます。かつぐ動作は、特にローテーターカフの棘上筋、棘下筋、肩甲下筋を精密にコントロールしながら行います。

天秤棒で重いものをかつぐ、岡持ちで蕎麦せいろを何枚もかつぐ、などの状態を想像してください。そのときの肩の使い方そのままで、相手を持ち上げるのに使うのです。そして、持ち

握らせない合気上げ

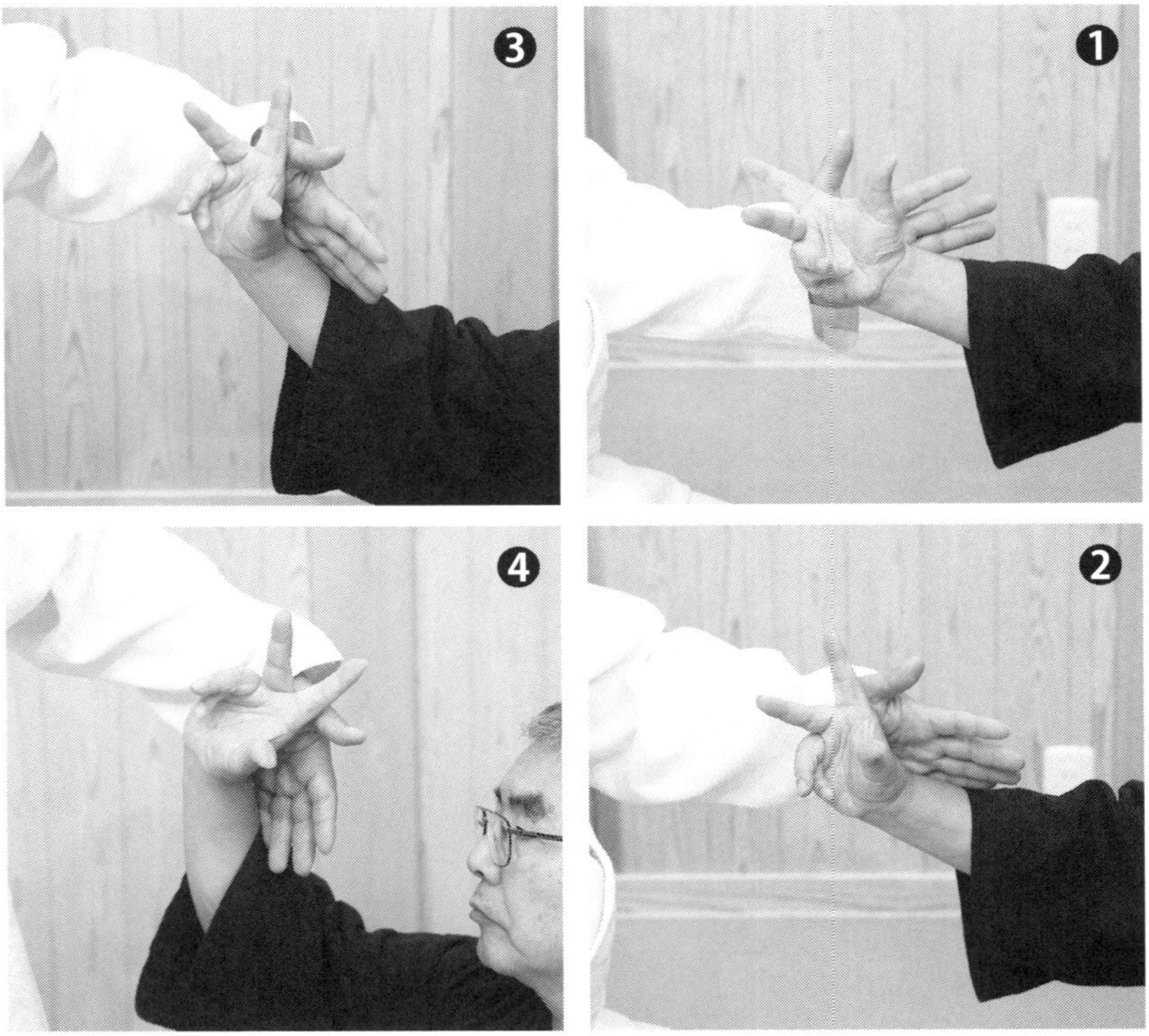

相手に握らせなくても合気上げができる。そのためには、小手や上腕の筋肉を使うことなく、肩で「かつぐ」ように行う。

上げ方がわかれば、次はかついだものを下ろす肩の使い方を学べばよいのです。

これらは切る剣術ではなく、甲冑剣術の肩の使い方の応用です。現代では、重いものをかつぐ動作自体を行わなくなったので難しいですが、バッグを肩にかつぐときの動作を思い出してください。上手なかつぎ方は、腕の筋肉を一切使わず、肩だけで行います。

いわゆる合気上げと言われる揚げ手も同様です。小手にせよ、上腕にせよ、その筋肉を使わないようにしないと、いつまでたっても合気上げなどできません。

かつぐ運動は、現代以前の運動文化では通常の生活動作として当たり前の動作で、武術にも当然使われていたのです。重たいものを運ぶのに、かつぐことをしなくなった現代では、武術に使おうなどという発想すらなくなっています。

甲冑剣術においても、刀に触れた相手を崩すのに、このかつぐ運動を使います。逆に、肩を使って剣を扱うのが、剣術なのです。切ることを重視すると、剣道のように小手の筋肉を少しでも早く使いたくなります。しかし「切らない」剣術では、小手や上腕の筋肉は何も役に立たず、押し上げることや下ろすことを可能にする関節である肩を使うのです。

柔術は土木工学に近い？

柔術は、土木工学の世界とも似ています。例えば、玉掛けの技術というのはご存知でしょうか？　クレーンなどに土管や、ネットでくるんだ瓦礫などを掛け外しする作業のことですが、関節技を掛けるときなどに応用します。

例えば、手首と肘を掴んで制圧する場合、梃子を掛ける方法が一般的ですが、高度な柔術は相手の骨を吊り上げる土管とみなし、腕力ではなく棘上筋で吊り上げるようにします。相手の骨を握って力任せに押すのではなく、フックを引っかけて吊るのです。玉掛けでなくては、柔らかい術「やわら」とはならないのです。

玉掛け

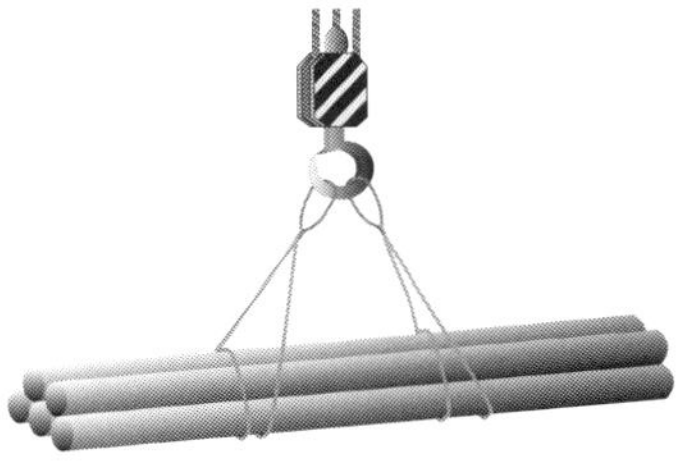

土木工学で活用される技術「玉掛け」。

玉掛けによる一本取り

相手の手首と肘に対して、腕力ではなく棘上筋で吊り上げて一本取りを掛ける。それにより、柔らかい術「柔術（やわら）」となる。

玉掛けによる一本取り（触れ合気）

さらに高度な技法として合気の術「触れ合気」を使うと、軽く触れているだけの状態から相手のバランスを奪い、コントロールできる。

第6章

当身について

～力を徹す術理～

当身は「力を徹す」こと

ニュートンの揺りかご

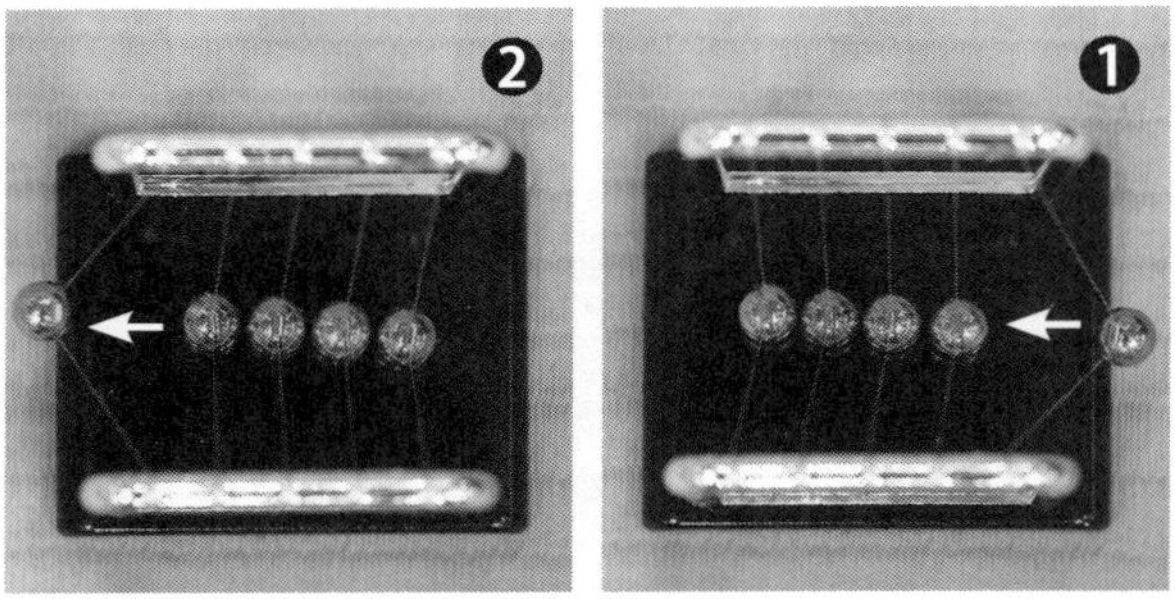

「力を徹す」には、間に静止物を挟む。右端の玉を隣の玉に当てると（❶）、左端の玉だけが強く弾かれる（❷）。

少し当身について述べましょう。合気道でも大東流でも、言い方は悪いですが、当身は付け足しのように扱われています。しかし他の柔術においては、技の重要な要素として扱われます。それを特化した形で表現するのが空手であり、中国拳法だと思います。

打撃系格闘技は、ややもすると手足の打撃だけで勝負を決めようとし、柔術系は打撃を軽視します。いわゆる総合格闘技は、本来の闘争技術として原点に近いように思えます。

そこで当身の本質についてですが、殴ることではありません。「力を徹《とお》す」ことです。「力を伝達する」

柳生心眼流の鉄砲

自分の手のひらを介し、その上から当てることで、当身の力を徹す。これは柳生心眼流に伝わる「鉄砲」の術理といえる。

親指の静止

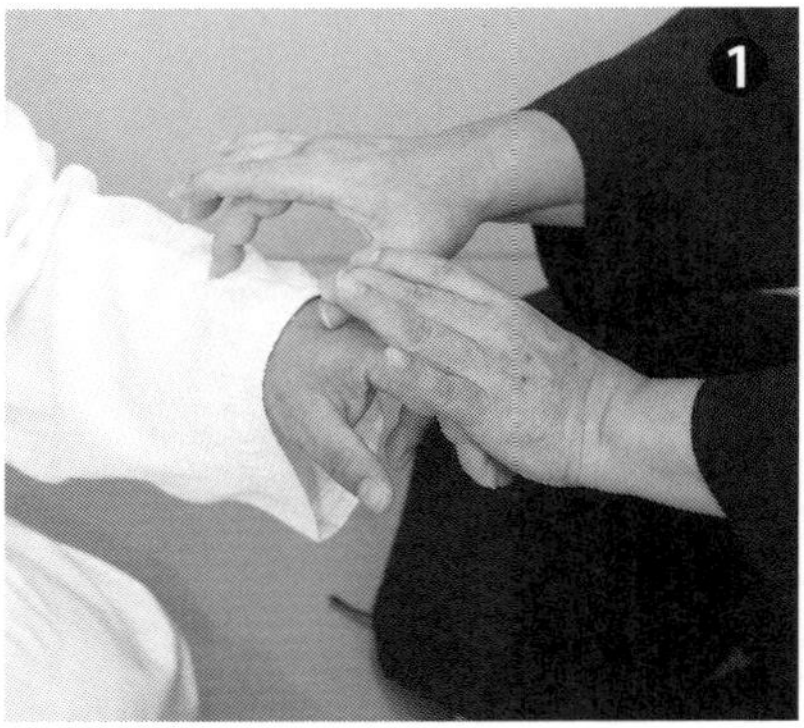

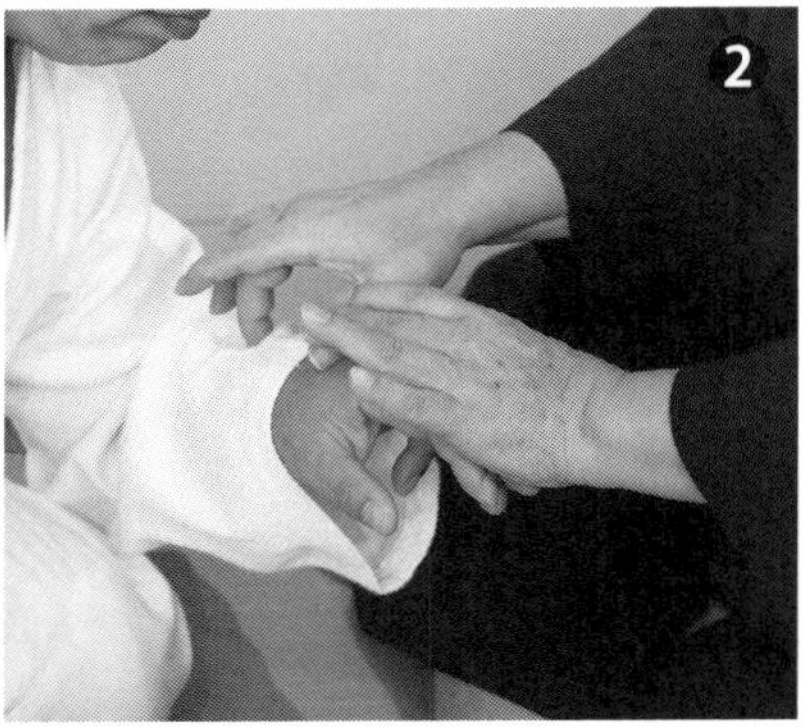

相手に触れたとき、親指が静止していれば、梃子によって力を効果的に伝えられる。また実際に掴む際は、指で握らずに、手のひらで握ることが重要。

ことなのです。

力の完全な伝達は、自分と相手の間に静止物を挟んで行うことで達成されます。いわゆるニュートンの揺りかご（衝突玉）です。これは、衝突する玉と飛ばされる玉の間に、静止している何個かの玉があるから起きることです。

よく見られるパフォーマンスで、人を何人かくっ付けて並ばせ、一番前の人を突くと一番後ろの人が吹っ飛ぶというアレです。いかにも武術の不思議な秘伝というような扱いで紹介されますが、単なる物理的パフォーマンスであり、武術とは何の関係もありません。

それよりも、鎧越しに当身を打ち込む、柳生心眼流の「鉄砲」が、まさしくこの現象を利用した武術技と言えるでしょう。殴る場所に手のひらを一つ置き静止させ、その上から殴るだけで真の当身ができるのです。

さらに、例えば相手の手首を掴んだときに親指を静止させれば、掴む力が完全に相手に届きます。これで支点が成立し、正しい梃子が成立します。

この場合の親指の静止は、「指で握らない」という技術に変化します。この「指で握らない」技術は、柔術でも合気の術でも使うもので、武器術でも同様のことが必要です。武器を握らないとはどういうことか、手のひらで握ることです。また筆や箸でも指で握りこむことは、力の伝達を阻害します。指が一つ静止していれば、力の伝達が果たせるのです。

関節技でも力を徹す

当身の「力を徹す」という概念は、空手でいえば「徹し」、中国拳法なら「浸透勁」でしょうか。

これらは力の作用点を、接触面よりも奥に作るということです。例えば、「拳が当たる腹ではなく、それから奥の背中を打つ」などと表現される打ち方です。

これは先ほどの「ニュートンの揺りかご」状態を作ったあと、接触面を作用点としないで、もっと別の地点に作用点を作るということです。

拳が当たった表面を支点に、肩の動きが力点、作用点は相手の身体の任意の場所になります。結果的に力が徹ったように思えます。

自分が出す力の作用点がどこかというのはあまり意識されないことですが、それをできるだけ遠くに求めることは、打撃だけではなく関節技などにおいても重要です。

ここで徹すということは、パンチではありません。演武で通常見せるのは表の型なので、当てるということをギャラリーに見せるためであり、本当は相手の身体に触れたところから、相手の中に串を刺すように力を徹していきます。そのための一瞬の静止が必要になります。つまり力を入れずに、触れたところから当身を入れるのです。

パンチではないというのは、殴る動作を必要としないということです。中国拳法でいう「分勁」に近いものです。

浸透勁

相手の体の表面を「支点」にし、拳を打ち出す肩が「力点」、相手の体の効かせる部位を「作用点」とした浸透勁。

関節技で力を徹す

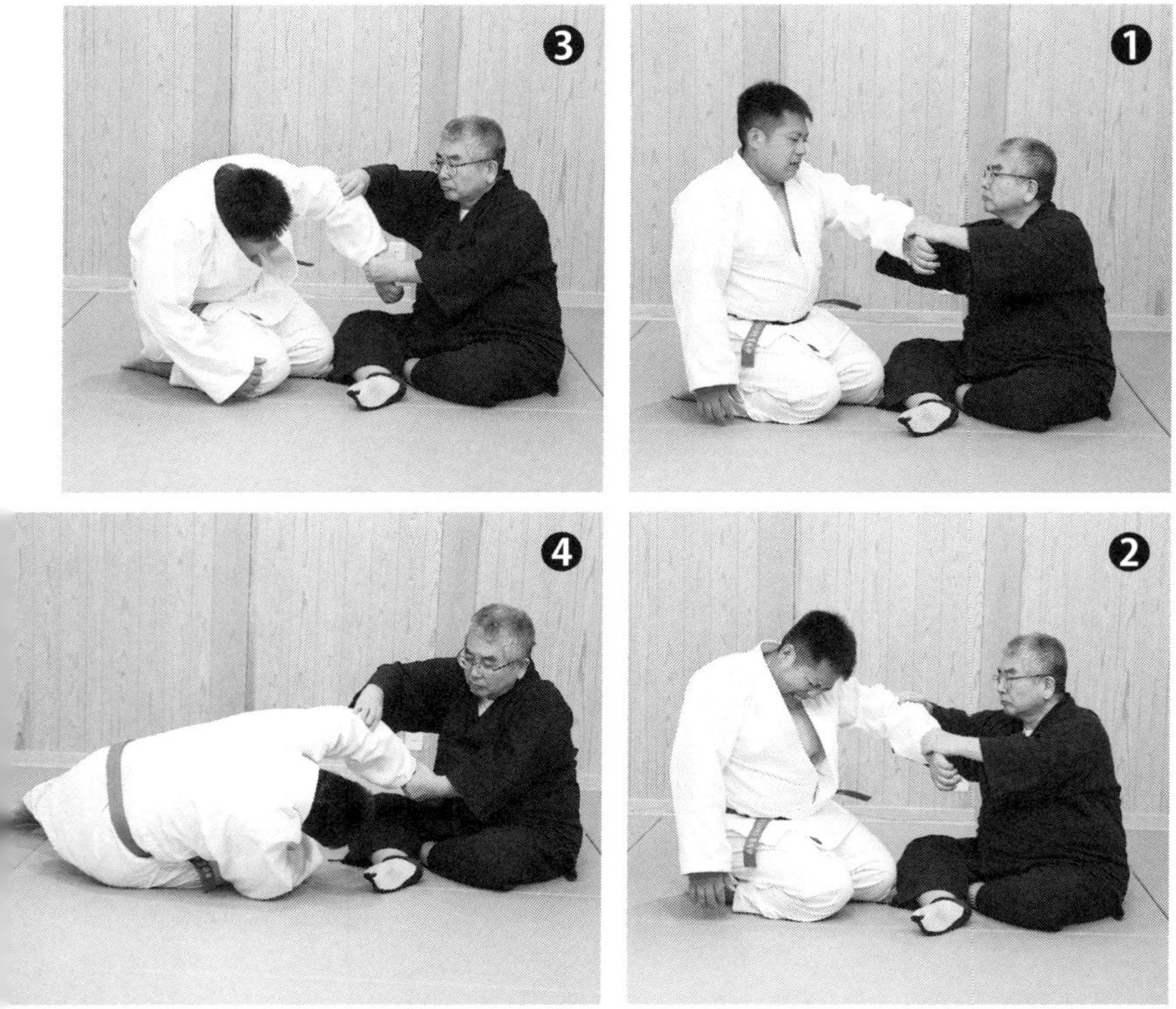

相手と触れた状態から、中国拳法の「分勁」のように力を徹して関節技を掛けていく。あたかも相手の中に串を刺すようなイメージ。

当身をどこに当てるか？

当身をどこに施すのかは、いろいろな考え方があります。いわゆるツボに当てるやり方が一般的でしょう。ただ、ツボは表面から当てることを前提にしているので、場合によっては効かないこともあり、注意が必要です。

次に、関節部分に打ち込むやり方がありま す。詳しく説明することはできないので、とりあえず背骨の継ぎ目に打つことを例にしましょう。背骨の継ぎ目はヘルニアになったりする急所です。実際に柔術118本では、胸椎を背中側から肘でとどめとする当身を行います。

また「三年殺し」などという当身は、内臓破裂をさせるような浸透する当身を行うもの

胸椎を背中から当身

大東流柔術118本で行う当身技法。背中側から胸椎の継ぎ目を肘で当てる。

当身によるそくい付け

腹部への当身で相手を動けなくする「そくい付け（不動金縛り）」。これは合気の術の技法である。

です。昔はレントゲンで診断するとか、開腹して内臓を縫うなどという手術はありませんでしたから、どんどん弱って死に至るということです。

合気の術においては、例えば腹部に当身を行い、仙骨を内側から揺らがせ動けなくさせる「そくい付け（不動金縛り）」を施すこともあります。

第7章

関節・靭帯・骨の技術

〜解剖学で合気を理解する〜

本来の関節技は痛くない

いつの間に、関節技は痛いという固定観念ができてしまったのでしょうか？　関節技は痛いのは当然とされていますが、本来は違います。関節に無理なストレスを掛ければ、相手が痛がるのは当たり前です。

上肢では開放関節である肩関節を除けば、指・手首・肘の関節はひずんだ力が掛かれば、痛みを感じます。その関節が壊れるおそれがあるので、痛みを感じるのです。それぞれの関節は、直線的な閉じる・開くという運動をするだけなので、それ以外の運動は受け付けません。

それに反する運動をさせるのが普通の関節技ですが、力加減が難しく、相手の激しい防御反射や反撃を引き起こします。結果、失敗すると、相手が踏ん張るとか反撃をしてくるため、あまり効果的とは思えません。相手の防御反射はかなり早いので、実際にはさらに力やスピードが必要になり、技の完成度が必要なのです。

それに対して、関節が曲がる方向に技を掛けると、逆方向に戻す力は筋肉運動しかないので、速度も遅く力も弱いので効果的な反撃ができません。さらに、手首であれば肘が、肘であれば肩がその運動を受け入れるので、スムースに曲がってしまい、技が掛かってしまいます。ただ気をつけなければいけないのは、手首と肘が曲がる角度が少し違うことでしょう。そのため、手首から続けて肘を曲げる小手返し技は、二つの曲げる技の連結技だということがわかります。

このように、関節をゆがめることなく、曲がる方向に関節を制御していくのが、柔術・和という柔らかい関節技なのです。

鎖骨の詰めと胸鎖靭帯

胸骨と鎖骨を結ぶ胸鎖関節は、胸骨と第一肋骨とで形成される鎖骨切痕という窪みに、鎖骨がはまっているような形状です。

このため、鎖骨を鎖骨切痕につめ込めば、胸骨柄、胸骨体そしてそれに繋がる肋骨を捉え、その肋骨が繋がる反対側の背骨までコントロール下に置くことができます。つまり、柔術で手首を握ってきた相手を持ち上げられるのは、肩の部分で持ち上げるのではなく、背骨を持ち上

胸鎖靭帯

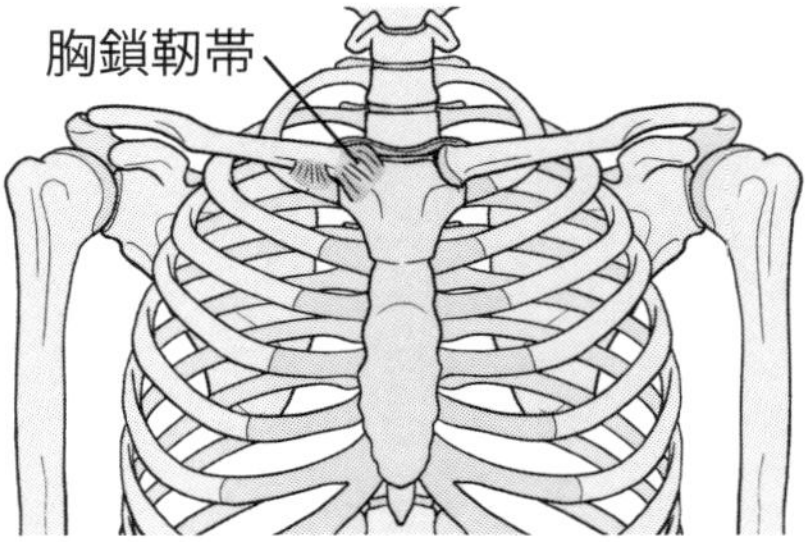

鎖骨と胸骨を繋ぐ胸鎖関節にある胸鎖靭帯。鎖骨〜胸骨〜肋骨〜背骨とコントロールしていく。

げることができるからです。

すなわち、相手の手首、肘、肩、鎖骨から胸骨、肋骨、背骨の順に関節の遊びを消し、コントロールしていくのです。逆に言うと、この程度のことすらできないのでは、柔術を語る資格はありません。

合気道の一か条などで、よく肩を押さえるといいますが、それでは足りません。その先の鎖骨から胸骨、最終的に背骨をコントロールして、相手を押さえつけたりのけ反らせたりするのです。

基本的に、肩関節を構成する上腕骨と鎖骨、肩甲骨は骨同士が繋がっていません。鎖骨と肩甲骨は肩鎖関節で繋がっていますが、上腕骨とは肩甲上腕関節で、関節窩と関節包越しに接しているだけで、直接繋がっているわけではありません。そのため、上腕骨で鎖骨に繋げるためには、繊細な操作が必要です。

肩甲骨の関節包に上腕骨を押し付け、それを数ミリ動かし、それにより鎖骨が動きます。その数ミリという感覚が身につけられるかどうかです。

そのようにして、各関節の遊びを消していくことが、力を繋げていくことに必要です。例えば、手首の関節は八つの手根骨が靭帯で繋げられ、複雑に絡んで構成されており、一定の方向にしか曲がりません。その意味では、手首はかなり強固で、遊びを消すことがなかなか困難です。肘は尺骨関節で上腕骨と尺骨がほとんど隙間なく組み合わさっているので、簡単に隙間を消して制御が可能です。尺骨を少しねじると紙詰まりのようになり、上腕骨と小手が一体化し、それで肩関節から仙骨までもコントロールできます。

上半身のバランスと肩鎖靭帯

上半身のバランスは、肩鎖靭帯が司っています。座禅して完全な安定を作り出した後に、腕を膝の外に置いてみると、それだけで身体がぐっと不安定になり、腹が力みます。それは、腕がかなり重たい部品であり、ぶらぶらと動きやすく、静止させられないからです。

人の上半身は、動かしていないときは、横ブレ（ローリング）しやすいバランスです。それ

座禅で腕を外に

繊細な安定を保った座禅の姿勢から（❶）、右腕を膝の外側に置くだけで身体のバランスは大きく影響を受ける（❷）。

を補正しているのは肩鎖靭帯です。

高い場所から下をのぞき込むときや、綱渡りをするときは、人は腕を広げてバランスを取ろうとしますが、それは人の上半身が出来の悪いヤジロベエであるということに由来します。そのヤジロベエのバランスを取っているのは、実は指先ではなく肩の肩鎖靭帯です。

肩鎖靭帯が小刻みに揺れて、バランスを取っています。その肩鎖靭帯の細かな揺れを邪魔すれば、人の小脳はバランスの維持に最大限の注意を払い、他のことは顧みなくなります。その状態が「虚」です。

肩鎖靭帯は肩の正面ではなく、肩の後ろ側に位置しています。そのため、前から押してもあまり影響はありませんが、横から、上か

座禅で腕を外にして崩す

座禅の姿勢で手を持たせてから、その手を膝の外側に置くと、相手に大きな影響を与えられる。

ら、下から押されたり引かれたりすることで崩れます。その押し引きの幅は、最大2センチで、それ以上動かす必要はありません。大きく動かすと､逆に反射モードへと変わり､揺れなくなってしまいます。

触れている場所を動かすのではなく、遠い場所から骨伝いに、肩鎖靭帯を作用点にしてエネルギーを注ぐのです。

靭帯は骨と骨を繋ぐもの

骨と骨の継ぎ目が関節ですが、継ぎ目を跨いで骨を繋いでいるのが靭帯です。靭帯が伸びたり縮んだりして関節は支えらえています。

筋肉は収縮して関節を動かし、腱はその筋肉を支えます。靭帯はその関節の基礎構造だと言えます。

大きい関節の靭帯は強固です。そのため、そこにストレスを掛けるのは難しいことです。しかし、小さい関節ならその靭帯も小さく弱いので、わずかなストレスでも関節の動きは制限され、関節技が掛かります。

つまり、漠然とした「関節」ではなく、関節を構成している骨、靭帯、関節軟骨、関節包、腱などのうちで、一番効果的な部分を効果的に攻めるのです。

鎖骨はぶらさがるための骨

猿などは、木の枝にぶらさがるために鎖骨が発達しています。犬や馬などには鎖骨はありません。

人の上腕骨は肩甲骨と繋がっていますが、肩甲骨は筋肉で覆われているだけで、体幹部の骨とは繋がっていないのです。実は鎖骨を通してのみ、上腕骨、肩甲骨は骨性の繋がりがあります。

鎖骨がないと腕の動きが安定せず、手や指の細かい動きができなくなってしまいます。鎖骨がつっぱり、肩関節を支えることで、腕の動きの安定性を保てます。鎖骨があるので、ものを抱きかかえることができます。

腕の操作性が高いのは、鎖骨があるからともいえます。そこで、関節技などを掛ける際には、鎖骨を使って相手の腕にぶら下がるように身体を使うと、別の世界が見えてきます。

当然ですが、小手や上腕の筋肉を使うよりも、肩回りの筋肉を使うほうが効果的です。いわば下からの懸垂ではなく、横向きの懸垂をしながら作業する感覚です。そうすれば、小手や上腕の筋肉の代わりに、自分の体幹の質量や筋肉を使うことができるのです。

鎖骨は腕の一部、肩甲骨はコマ

腕は上腕骨だけではなく、肩甲骨、鎖骨までを含んでいます。鎖骨を腕の一部として使う人はいますが、鎖骨を腕の一部として動かそうという発想は皆、持っていません。つまり腕の一部ですが、鎖骨自体を腕の骨として、小手や上腕と同じように使おうとはしないのです。

鎖骨は上腕や肩甲骨の付属品であり、上腕骨を支える骨ですが、そこを一番最初に動かせるとは思っていないのです。しかし、実際には無意識に鎖骨から動くという運動はやっており、それを認識できていないだけです。例えば、遠くのものを掴もうとする際には、鎖骨から伸ばしていきます。

鎖骨には、胸鎖乳突筋、大胸筋、三角筋、僧帽筋、鎖骨下筋などがついていますが、動いている実感が薄い筋肉なので、意識的にそれだけ動かしてゆくのは難しいのです。

しかし、鎖骨を最初に動かすことができれば、小手、上腕、さらに鎖骨の腕というもう一つの腕を持てるので、運用の幅と力が大きく変わります。

次に肩甲骨についてです。

クランクシャフト

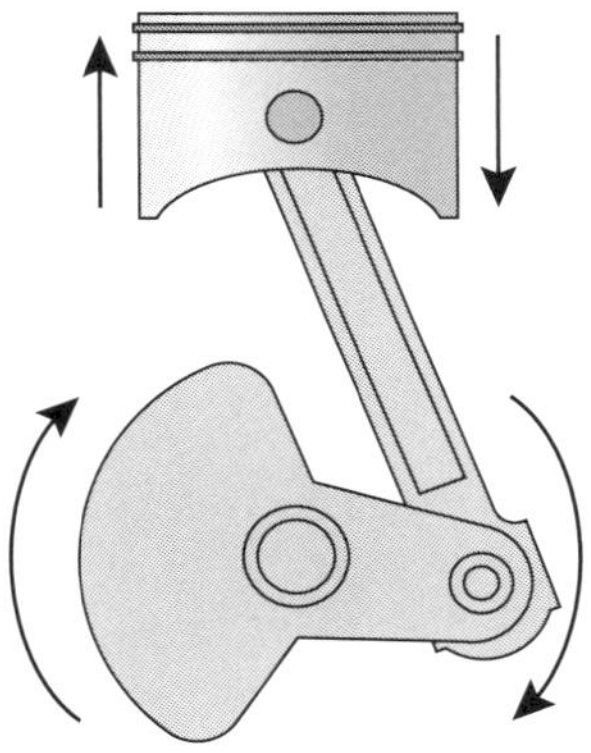

自動車のエンジンの部品などにも使われているクランクシャフト。

小手と上腕を使う肘関節の曲げ・伸ばしの運動が生み出すのは、単なるピストン運動です。方向や回転を生み出すのは、肩関節の肩甲骨の役割です。ピストン運動をエンジンに変えることができるのは、肩甲骨なのです。

肩と腕でクランクシャフトを構成する大事な部品は肩、それも肩甲骨です。上腕骨が回転する軸を司ると思われがちですが、肩甲骨がコマのように動くので、エンジンとなり力を生み出します。肘では十分なエネルギーを生み出せないのです。固定的な肘では力を生み出せない方向にも、肩をエンジンとすることで多種多様な力を作り出せます。

下半身は仙骨と仙腸関節を使う

鼠径部は大腿骨が立つことに使われており、上腕骨と比べると上手に使いこなすことは難しいのです。

特に骨の形が上腕骨頭上部と比べると、大転子が横に飛び出しているような特殊な形なので、大腿骨を動かすことでエネルギーがどのように腕の先に伝わるかを理解していないといけません。脚の使い方は、腕と比べると難しいのはそういう理由です。

脚の力を腕に伝えるメカニズムは、鼠径部から仙骨を通じて腰椎にねじれとして伝わり、腰椎から肋骨、そして胸骨へ、胸骨から鎖骨、続いて肩甲骨から上腕骨、そして尺骨へと骨伝導のように伝わっていくのです。

エネルギーは、単純な押し引きの衝突よりも、ねじれのほうが摩擦係数が増えて伝わりやすいので、螺旋運動で伝えていきます。
鼠径部での力の伝達は、上腕骨から関節窩を通じて肩甲骨へ伝わる仕組みと同様のメカニズムなので、肩の訓練が参考になります。

仙腸関節

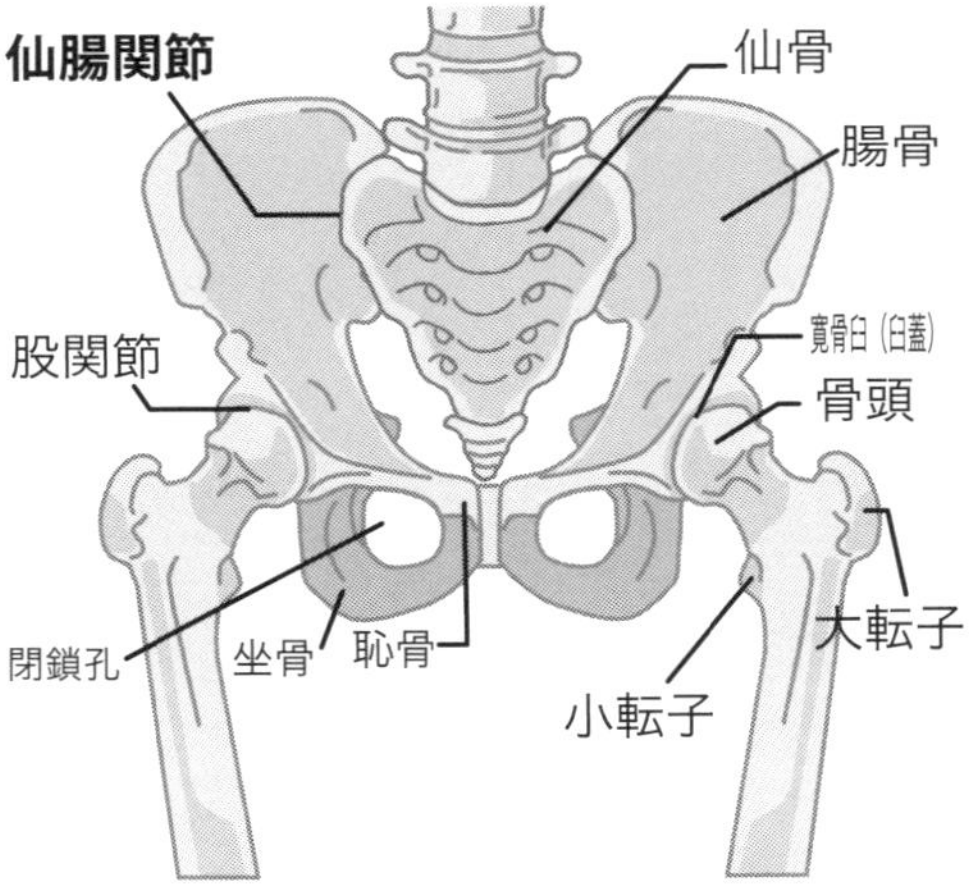

骨盤の腸骨と仙骨を繋いでいるのが仙腸関節である。
仙腸関節の数ミリの遊びを取り、力の伝達を行う。

鼠径部から仙骨への力の伝達の際には、仙腸関節が重要になります。鼠径部で脚からの力を受け取りさえすれば仙骨に伝わるわけではありません。

仙骨は上半身の質量を支えながら足を動かすという役目を持っているので、足の動きで鼠径部に発生するエネルギーを背骨には伝えにくい構造になっています。

そこで使うのが仙腸関節です。仙腸関節は腸骨と仙骨を繋げており、

仙腸関節の遊びをなくす

腸骨を動かして仙腸関節の遊びをなくすことによって、全身が動くエネルギーを無駄なく相手に伝えられる。

不動関節と思われていましたが、数ミリ単位で包内運動するくらいの遊びがあります。そこで腸骨を動かし、遊びをなくして力の伝達を行います。

その稽古法は、空手の「四股立ち」やクラシックバレエの「腰を入れる」立ち方などで鍛えていきましょう。

第8章

柔術と合気の術を対比する

～いくつかの代表的な関節技で～

本章では、合気道のいくつかの典型的な関節技を例に挙げて、柔術としてのやり方と合気の術としてのやり方を簡単に説明しましょう。

「一か条」の柔術と合気の術

柔術ではどうしても相手の肘で肩を押したくなります。あるいは肘を支点に逆肘になるよう操作して、相手の上半身を操作しようとします。

しかし肩は開放関節なので、簡単には掛かりませんし、肘はかなり耐久力があるので逆肘は難しくなります。精密な梃子操作が必要です。相手の肘を支点に手首が力点、肩が作用点という第一梃子を使う方法が普通です。

それと違う第三梃子の方法は、手首が支点で肘が力点ですが、肩を作用点にすると踏ん張られてしまうので、首を作用点にするとそれが防げます。

合気の術では作用点を肩鎖靭帯に定めます。通常では上腕骨頭を押すことになりますが、その前段として合気を掛ける必要があります。「龍の口」の手の内を使い、指を使わず手のひら

一か条の柔術

「一か条」の柔術技法。「支点」を手首、「力点」を肘にする。「作用点」は肩よりも首に定めるほうが掛けやすい。

一か条の合気の術

「一か条」の合気の術。この場合、「作用点」を肩鎖靭帯に定める。「龍の口」の手の内を用いて、相手の肩鎖靭帯を「玉掛け」で浮かせる。

で肩鎖靭帯を持ち上げます。この場合、手首と肘を制するだけで、肩の肩鎖靭帯を「玉掛け」の技術で浮かせます。

「二か条」の柔術と合気の術

柔術だと相手の肘を曲げ、手首を曲げ、その手首をねじるというように理解している方が大半です。手首をねじる方法は非効率ですし、相手の手首が太いと効きません。

手首はねじるのではなく、詰めるのです。手首を構成する手根骨の固まりと、橈骨、尺骨はねじられても力を散らしてしまうので、力が無駄遣いになるのです。

そのため、手首の靭帯、特に手根骨を繋ぐ靭帯か、手根骨と橈骨、尺骨を繋ぐ手根靭帯を攻めるのが効果的です。靭帯は短く骨を繋ぐ役目なので、ストレスに弱いのです。

ねじる方法ではストレスが拡散されるので、尺骨側の靭帯が切れてしまうような方向に力を掛けます。また詰めることにより、肩から鎖骨を通じて力を徹し、痛みを与えずに膝まで崩していくことも可能です。

二か条の柔術

「二か条」の柔術技法。相手の手の手根骨を詰めるように掛けると効果的。肩〜鎖骨を通じて膝まで力を徹すこともできる。

二か条の合気の術

「二か条」の合気の術。「龍の口」の手の内で相手の尺骨関節を詰めていき、上腕骨～肩鎖靭帯～腰～膝まで力を浸透させていく。

合気の術では「龍の口」で相手の手首ではなく尺骨と橈骨を別々に捉え、尺骨関節が紙詰まりするようなストレスを加えて、上腕骨に力を及ぼします。それで肩鎖靭帯に力を加えて下向きにバランスを崩し、平衡状態を「虚」にして身体全体に力を浸透させていくのです。

この場合、ほとんど相手は力を感じず、腰や膝を取られて崩れ落ちる形になります。

「三か条」の柔術と合気の術

柔術では、ねじった小手の手のひらに自らの手のひらを合わせ、二か条とは逆の方向に手首を曲げ、ねじって肘を上に押して体を崩します。

合気の術では、相手の手のひらを使いません。また肘もねじりません。肩鎖靭帯を動かし、合気上げのように体を浮かせます。

技術としては、小手の橈骨を傘の芯のように扱い、尺骨を傘の布のように芯に巻き付けるような動きです。「龍の口」で橈骨を四本の指で静止させ、尺骨を親指で回します。橈骨は上腕骨とは縁がなく、尺骨を回すと尺骨関節で繋がる上腕骨が回るのです。そのため合気上げのモー

三か条の柔術

「三か条」の柔術技法。相手の手首をねじって肘を上げさせ、体を浮かせて崩す。

三か条の合気の術

「三か条」の合気の術。これも「龍の口」の手の内を用いる。親指以外の四指で相手の橈骨を静止させ、親指で尺骨を回すことで上腕骨まで回っていく。

メントが掛かり、傘回しのようになります。

「小手返し」の柔術と合気の術

合気道の小手返しは、手首を持って小手を外側にねじるか、逆に小手を内側にねじり、反対の手で手のひらを押して倒します。

大東流の柔術では118本の中で、柏手小手返しとして学びます。柏手を打ってから手鏡に返し、親指に掛けて押し崩していきます。手首を取ってねじることも、手のひらを合わせて押すこともありません。

合気の術では、手首は握りません。橈骨、尺骨を別々に「龍の口」で掴んで、合気上げを掛けながら崩します。反対の手で手のひらを押す必要はありません。

合気道の小手返し

合気道の小手返し技法。相手の手首を外側にねじり、もう一方の手で下方に押すことで、体を崩し落とす。

小手返しの合気の術

「小手返し」の合気の術。「龍の口」で掴んで合気上げを掛け、そのまま崩し落とす。片手だけで掛けることができる。

「四方投げ」の柔術と合気の術

柔術の四方投げは、手首を綾手にとり、手首から肘に掛けていきますが、相手が踏ん張ると効かなくなります。そこで相手の肘中を反対の親指で押して崩しますが、ねじる力と押す力が合成されないように、別々の力として使えないといけません。本来は片手だけで行う技です。親指がねじり、小指が引く運動です。

続いて、相手の肩を自分の肩に乗せ、その下をくぐり相手の肘、手首を極めて落とします。しかし、気をつけないと相手が後頭部を打ってしまうので、合気道では危険な技の一つです。ただ合気道では、相手の手首を握ったまま下ろしていきますが、これは安全のためです。本当に落とす場合は、握っている親指を外すことが必要です。よく刀を切り下ろすようにと言われますが、素肌剣術の切り方ではないのです。腕力を使ってはいけません。甲冑剣術の引き下ろしです。

一方、合気の術では、相手の腕を刀に見立てます。刀をくるりと寝かせて切っ先に回転トルクを掛けて、切っ先に梃子をかける形で、相手の肩を外側に回して崩し、そのあと肘を曲げさ

四方投げの柔術

「四方投げ」の柔術技法。相手の肩の下をくぐり、手首や肘を極めて落とす。

四方投げの合気の術

「四方投げ」の合気の術。相手の肩を外側に回し崩し、暖簾をくぐるように極め落とす。

せてくるりとくぐります。あたかも暖簾《のれん》をくぐるようにして、四方投げを掛けるのです。

「四か条」の柔術と合気の術

柔術では、大きな梃子を掛けます。ややもすると、握った相手の小手を痛めつける技であるように思われていますが、全く違います。

相手の小手を持った親指・小指と、手首で押して作る小さな梃子では大した力は作れません。もっと大きな梃子を作る必要があります。相手と触れたところを支点に、肘や肩の運動を力点、相手の肘や肩の関節に曲がるような力を注ぎます。

自分の示指根（人差し指の付け根）が触れているところを動かしてしまうような、押す運動をすると支点揺動を引き起こし、力が浸透しないのです。

合気の術では手の内に摩擦係数を増やせばよいので、握る必要はまったくありません。どこかが触れていれば、そこを支点にして力が浸透するようにして、相手の肩鎖靭帯を攻めれば、相手は崩れるのです。

四か条の柔術

「四か条」の柔術技法。相手の小手を持った接点を「支点」、自分の肘や肩の動きを「力点」、相手の肘や肩を「作用点」として崩し落とす。

四か条の合気の術

「四か条」の合気の術。相手の小手を握らず「龍の口」の手の内で触れ、接点を「支点」にして肩鎖靭帯まで力を徹す。

第9章

武術極意のヒント

～三つの技法―柔術、合気の術、合気柔術～

尺骨で引く、橈骨で押す

腕で、ものを引く運動と押す運動についてです。

上腕についている二頭筋と三頭筋はそれぞれ、引く運動と押す運動をすると思われています。しかし、それぞれの筋肉の役割は、縮む運動と伸ばす運動をすることにあります。押し引きの役割は小手の筋肉に多くがあり、上腕にはあまりないので、上腕に押し引きの意識があるのは間違った使い方になります。

そこで、小手の筋肉を使って押し引きをする際に、引くのは尺骨を動かす、押すのは橈骨を動かすのだと意識してください。つまり、引くときには小指で引く意識、押すのは親指で押す意識です。

なお、相手に触れた親指を強く押すと防御反射が起きるので、親指は横にしてそれを橈骨が押していく感覚が大事です。

引くにしろ押すにしろ、小手と上腕の両方の筋肉を使うのは出力調整が難しいので、小手の筋肉だけを使うようにしたほうが、大きな出力を得られるのです。

小指で引く（尺骨を動かす）

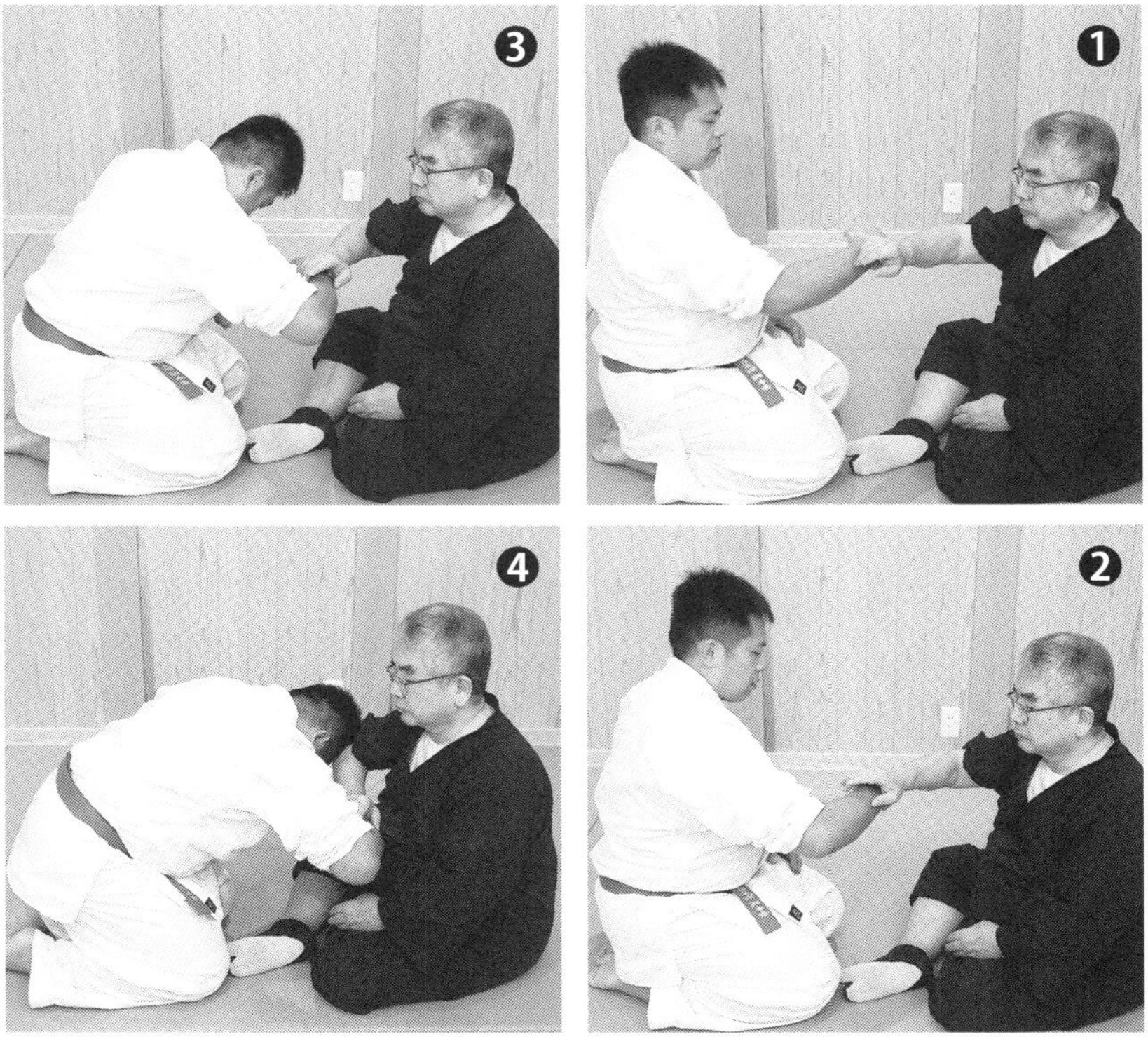

引く運動は上腕二頭筋を使うと思われているが、小手の尺骨の動きによって小指を引いていく意識のほうが良い。

親指で押す（橈骨を動かす）

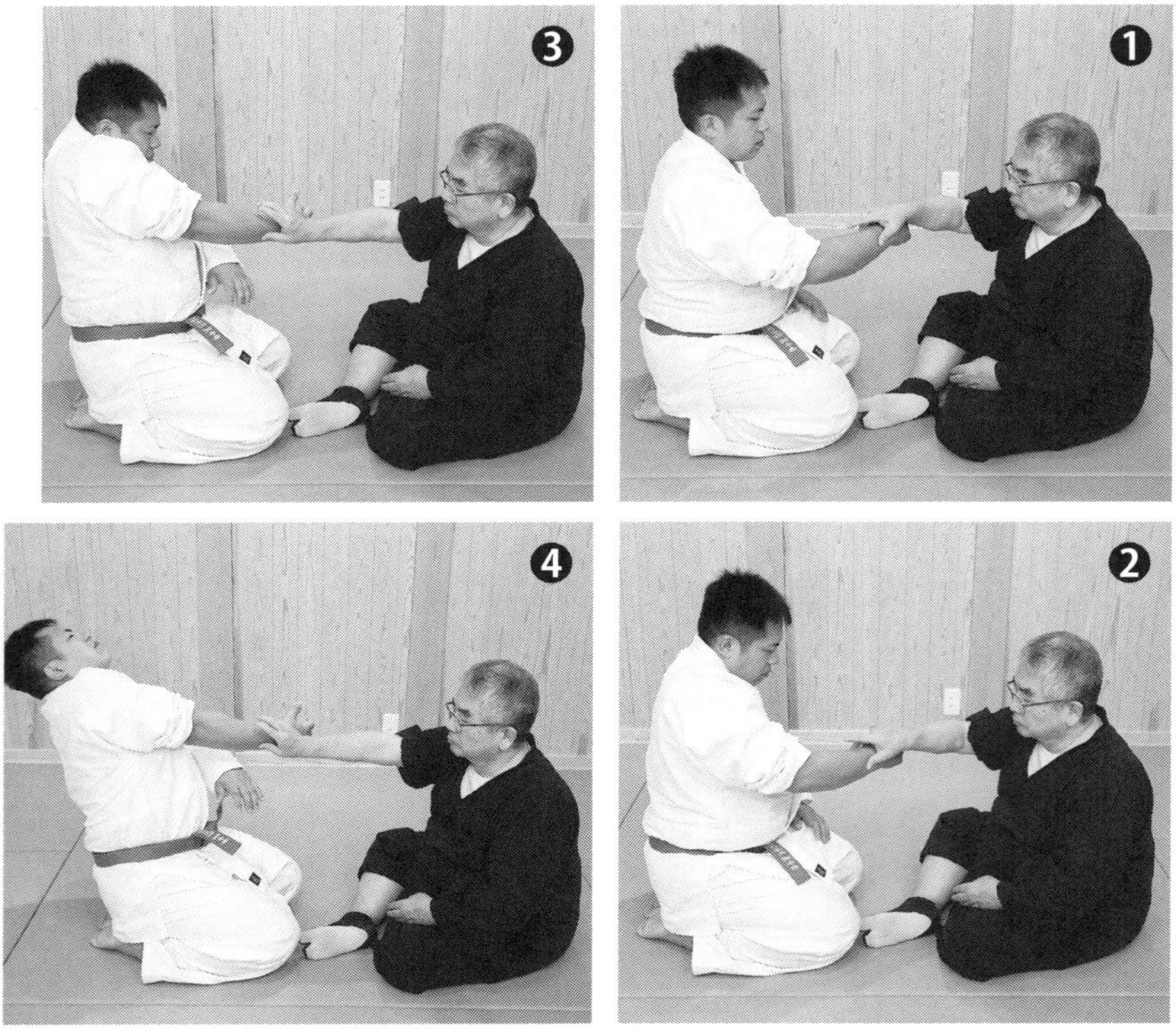

押す運動は上腕三頭筋を使うと思われているが、小手の橈骨の動きによって親指を押していく意識のほうが良い。

合気の武器術「合気剣」

次は、合気を使った武器術について解説しましょう。

「合気剣」と名前に合気を冠するのであれば、技術に合気があるはずです。それはすなわち、甲冑剣術です。

刀を通じて合気を掛けることができるかどうかです。決して刀に触れずに何かできるわけではありません。

合気道の合気剣については、植芝翁が惣角から新陰流の甲冑剣術を学べなかったことが、大きく影響していると思われます。

合気の武器術「合気二刀剣」

合気二刀剣は、甲冑剣術としての二刀流と考えれば、意味がわかります。

例えば、宮本武蔵の父親である新免無二斎は、まろほし十手と太刀の二刀流で、足利将軍の前で吉岡憲法と試合をし、日下無双兵法術者の号を得たとされます。

その二つの武器を使って相手を倒す当理流の技術が、武蔵の二天一流の基ではないかと思われます。

また武蔵は尾張柳生の地に寄宿し、柳生新陰流と技術交換をしています。のちに尾張柳生の補佐家であった長岡房成は、二天一流と新陰流は同質のものとまで言い切っています。

どちらも基は甲冑剣術であり、合気を理合いにしていたと思われます。一つの武器で合気を掛けて、もう一つのほうでとどめを刺す。まさに合気二刀剣といえます。

合気の武器術「合気杖」

合気杖とは、杖を通じて合気を掛けるものです。仮想敵は剣であって、決して杖先を握らせて掛けるものではありません。杖を突き出しても相手は握ってくれません。合気道はそこを勘違いしています。

杖道の源流である神道夢想流杖術の開祖は、夢想権之助です。夢想権之助は剣術家であったことから、剣を杖に持ち替えたほうが合気を掛けやすいことを利用して、家伝の神道夢想流という剣術を杖術に変えたのです。

杖道の持ち方は、薙ぐにも、突くにも、叩くにも、決して良い持ち方ではありません。つまり、武器術の持ち方としては失格ですが、合気を考慮すると意味が違ってきます。その真髄は、杖道の型の中にはっきりと表れています。

合気の武器術は手の内にあり

これらの合気の武器術は、武器の持ち方がポイントです。手掌腱膜の収縮が摩擦力を生みます。

長掌筋の腱が手掌腱膜に繋がっている場所は、手相の生命線と運命線が手首の手根骨の上になっている部分、手のひらの一番下の真ん中の部分です（30ページ図参照）。ここが、最も摩擦力を生み出すところです。

その部分に武器の一部を当て、同時に薬指で武器を引っ掛けるように意識します。例えば、包丁では、柄の上に手根骨を乗せ、刃の峰の上に人差し指を乗せて方向を定めます。薬指は柄の下の部分に添え、切るときには小指を締めるように添えます。親指と中指は刃の鎬《しのぎ》を挟んで刃筋を立てます。これは日本刀を持つ手でもあります。

手首の手根骨の上

前腕の長掌筋の腱が手掌腱膜に繋がっている場所は、手相の生命線と運命線が手首の手根骨の上になっている部分。ここが最も摩擦力を生み出せるところである。

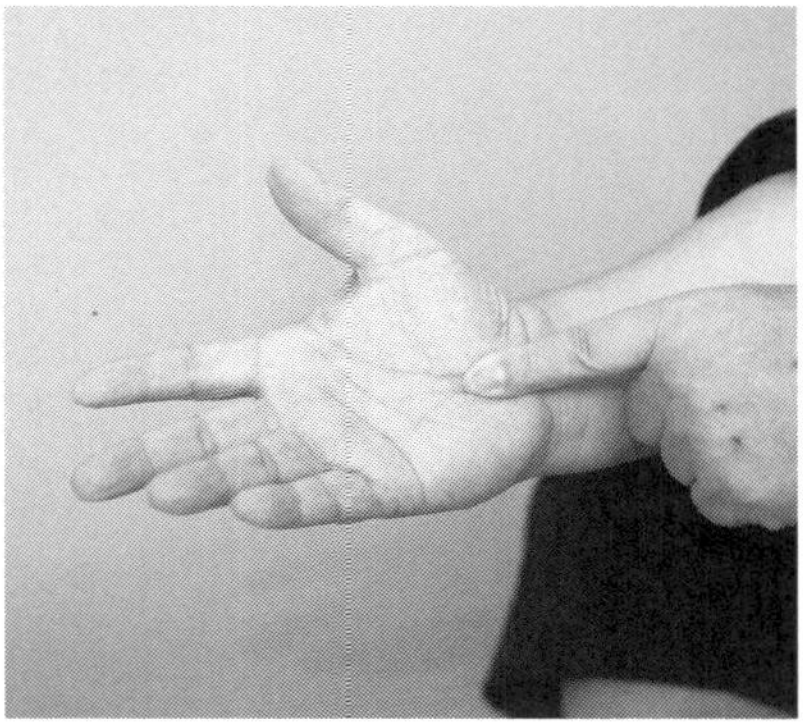

包丁の持ち方

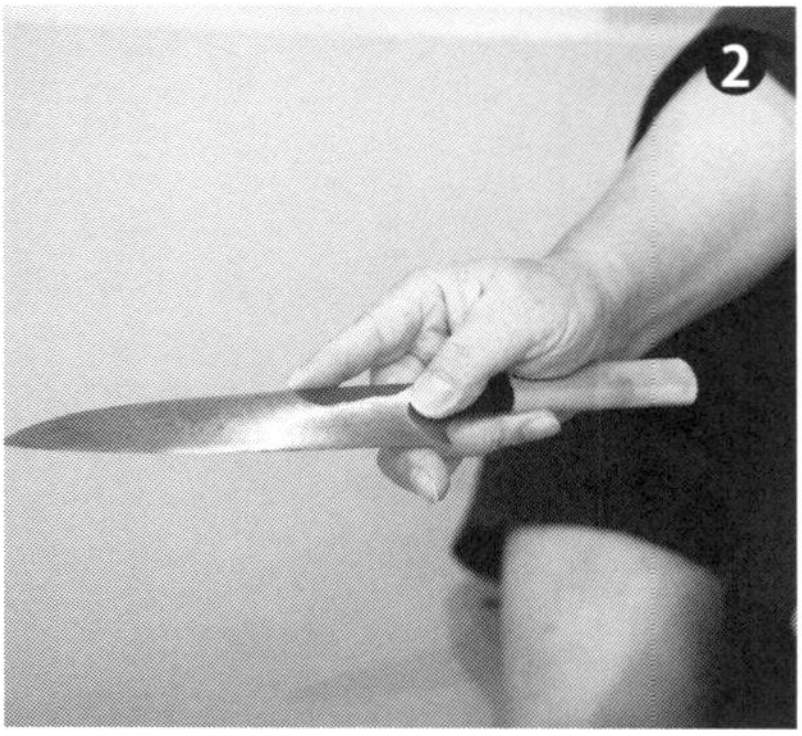

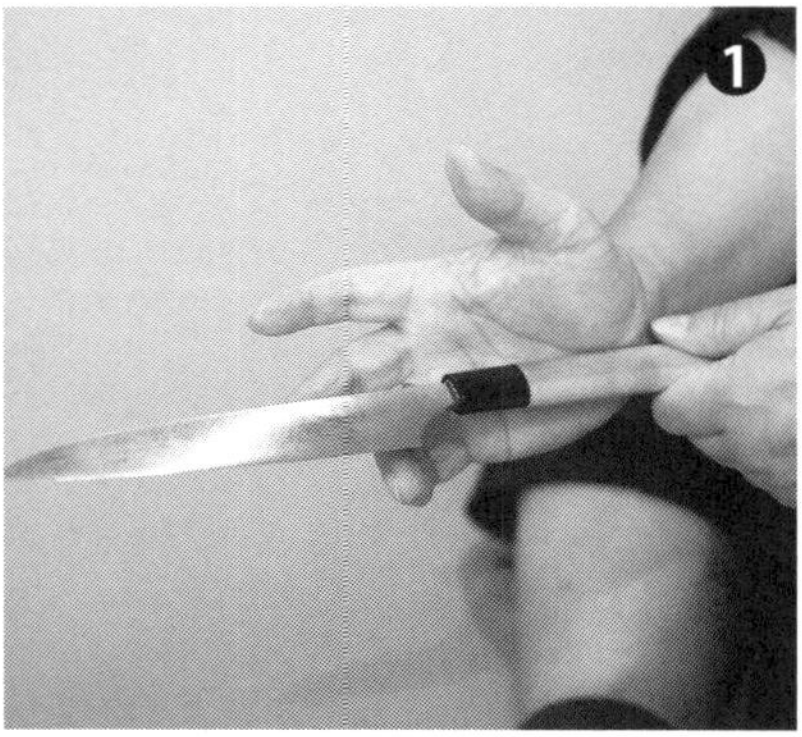

包丁も日本刀の持ち方と同様に、柄の上に手根骨を乗せる。そして、刃の峰の上に人差し指を乗せて方向を定める。

気合術とは何か

気合術とは発声法に力を乗せることです。発声するために呼吸を使いますが、呼吸すること自体が運動であり、エネルギーを発生させます。気合術では普通の呼吸以上に、吐くにしろ吸うにしろ声帯に依存するだけでなく、胸郭・腹腔も共鳴部分として使い、エネルギーを増幅するのに使います。

ではそのエネルギーをどうやって相手に伝えるのでしょうか。それは、骨を通じて伝えます。この場合はいわゆる「遠当て」ではなく、相手と接触している条件下での技術です。声帯、及び胸郭、腹腔で発生させたエネルギーは、身体の中心からのものなので、接触している腕を動かして得る力とは違っています。

それを効率よく伝達させるには、骨を通じてエネルギーを伝搬させることが大事です。つまり、喉や胸から鎖骨、上腕骨、橈骨または尺骨と伝えていきます。

発声の際には、かなり大きなエネルギーが発生しバランスが揺らぐので、身体は平衡を保とうとします。そこで、鎖骨をほんのわずかに動かして平衡を保とうとする防御反射を打ち消し、エネルギーを相手に渡せるようにします。

発声の基本の「ア、エ、イ、オ、ウ」の中で、例えば「イー」の発声は口を大きく横に引っ張って発声します。その際、胸鎖乳突筋が鎖骨を上に引っ張り上げます。その運動を指先に伝えられれば、触れた相手を持ち上げることができるのです。

逆に、「オー」は開口筋と呼ばれる筋肉群の働きや、胸骨を下げる運動が関わります。それで下向きの力が発生し、それを伝達します。

それらと同時にバランスを取るために、頭の重心が無意識に下がります。それにより胸の重心と頭の重心のバランスを取っていますが、その重心運動で相手にエネルギーを渡せなくなります。重要なのは、胸の重心が落ちても、頭の重心の移動で補正しないことです。

なぜエネルギーを渡せないのでしょうか。相手が踏ん張ると、そのエネルギーで反動が起こるのでこちらのバランスが乱れ、平衡を保とうとする防御反射が起こるからです。だから、力まないで押すと、余計な揺らぎが起こらず、力がそのまま伝わっていきます。逆に力んで押すと、相手からの反動で揺らぎが大きくなるのです。

運足の極意はダンスにあり

運足は単なるフットワークではありません。足運びで相手の攻撃をよけるだけでなく、相手の攻撃を誘導したり、止めたりすることまでを役割として持っています。

これらについては、相手が剣を持つ剣術が最も仮想敵としてふさわしいように思えます。ただ現代ではパンチやキックを想定しなければならないので、少し事情が異なります。

イメージとしては、甲冑を着込んだ武者との対戦を想定しなければなりません。当然、剣だけでなく小具足などの小さい刃物や、掴みかかってくる、投げてくるなどの事態も想定しての戦いになります。単純に剣だけを考えればよいというものではありません。

例えば、現代の総合格闘技では、マウントポジションを取ってからのパウンドで勝てますが、甲冑組打ちでは馬乗りは禁じ手です。甲冑や具足は掴みやすいので、簡単にひっくり返されます。仰向けの敵に圧し掛かると、簡単に裏返されるのです。また跨ってくる相手の下腹部は無防備なので、そのまま握りつぶします。

現代の総合格闘技は、下腹部への攻撃は禁止で、オープンフィンガーグローブでも握る技術は使いにくくなっています。それらが自由に使えれば、自分に馬乗りになってくる相手の処理は簡単になります。

だからギリシャやローマの戦士は、オリーブ油を身体に塗り込み、掴まれた際の防御を心掛けました。イラン相撲が油まみれで戦うのは、戦場で簡単に掴まれないようにするためです。また、柔道の横四方固めや袈裟固めでは、固め始めるときにすでに自分が倒れた態勢になっておいて、ひっくり返されないようにしているのです。これらもすべて、戦場での白兵戦を念頭に置いた常識なのです。

そこで新陰流には、相手の攻撃意図を知るためのいくつかの方策があります。まずは、何を攻撃手段としてくるかを瞬時に判断しないといけません。刃物なのか、鈍器なのか、縄のようなものなのか。それにより対処方法が変わってくるのです。

ボクシングのフットワークは対打撃専用です。剣術の運足は剣術用です。殴りにくるのと掴みにくるのでは、対応を変えないといけません。ある程度、汎用性の高い動きもありますが、それを身につけるにはダンスが上手に踊れるようになるくらいの練習が必要でしょう。

私は長年ダンスをやっていたので、それを利用したステップワークを使います。いずれにせよ、一つの武術にこだわった運足にとらわれるのは無駄だと思えます。

ダンスのステップで崩す

運足は、徒手打撃用や剣術用などで適する方法が異なる。何にでも対応できる運足は、ダンスのステップワークで養うのが有効。

column

◎ダンスの効用

武道を志す方々には異論があるとは思いますが、接触系の武道とペアダンスを比べると、重心や軸の捉え方や使い方には、かなりのレベル差があります。ペアダンスは高度なのです。

それは、扱う変数に大きな隔たりがあるからです。武道では多くの場合、自分がどうあるかという点に重きを置くことはあっても、相手の軸や重心までも捉えられてはいません。逆にダンスでは、相手の軸や重心がわかっていないと、うまく踊ることができません。つまり自分だけでなく、相手の軸の立ち方や重心の位置を把握していることで、両者の相互関係を構築し、それを動かすことで踊れるからです。

例えば、ダンスでは身体の三つの重心の位置と、その相関関係がバランスを構成しており、無意識にそれを変えながら動いていることを学びます。

このように、ダンスのほうが、武術よりはるかに高度に軸や重心を扱っています。ただし、ダンスの場合は、相手が相互の関係性の共有に協力してくれるので、その構築が簡単に行えます。

私はダンスを20年ほど続けた結果、相手に触れたときに瞬時に、相手の重心の位置を把握し、無意識に相互の間に回転軸を作る癖がついています。

さらにソロダンスでも、踊る際に腕を動かしますが、指先から動かしていく技術と、肩から動かしていく技術が必要になります。指先から動かす際には、手首や肘を静止させておいて指から動かすのですが、指先の位置は固定させ、指、手のひらから手首に続けていきます。つまり、指先は振らないのです。肩から動かす場合も、上腕を使わず、肩甲骨が最初に動きます。

これらの動きの見本として、音楽家でダンサーでもあるcreestoのダンスをYouYubeで見ていただければ、びっくりされると思います。

刀の陰に入る（物理的防御でなく心理的操作）

人間は、三つ穴があれば人の顔と認識します。それを「シミュラクラ現象」と言います。そこで、そのうちの二つを隠されると、相手の顔を認識しようと無意識に相手をのぞき込もうとします。それが体勢の崩れを呼びます。

敵と対峙したときに、相手の動静を伺おうとして、相手の顔を認識しようとする意識が強まります。そこを利用するのです。

つまり自分の刀で、その三つの穴のうちの二つを隠すのです。一つではダメですし、目を二つともふさいでしまうと、自分が相手を見られなくなります。そこで目を一つと口を見えなくしてやれば、相手は残りの目と口を見たくなり、体勢が崩れるのです。

片目を隠すと、自分も片目でしか見られなくなりますが、両眼で立体視ができなくなるだけで、そのことを理解していれば問題はありません。

これは刀でなくても、武器であれば同じです。相手の視界の中に障害物を置いて、自分の一つの目と口を、相手から見えなくすればよいのです。

これが、「シミュラクラ現象」を利用して刀の陰に隠れるということの、一つの技術です。刀の陰に入るということには、まだ他の意味もありますが、それはまた別の機会にしましょう。

目一つと口を隠す

「シミュラクラ現象」を利用して、刀の陰に隠れる。

螺旋運動が力を作り出す

手首の螺旋とは、尺骨軸運動です。普通に手首が回る運動イメージとしては、中指を回転軸として、橈骨と尺骨が同時に回転することでしょう。

前腕の構造としては、前腕を回内させる筋肉と、回外させる筋肉、橈骨と尺骨の間の前腕骨間膜などがあります。それらの統合作業として、最もエネルギーを必要としない回転運動を行います。

それに対して尺骨軸運動とは、尺骨を動かさず回転軸にして、橈骨だけをその周りに回旋させることです。これは通常の運動ではないのですが、かなり力が出ます。それが手首の螺旋なのです。

尺骨軸による橈骨の回旋

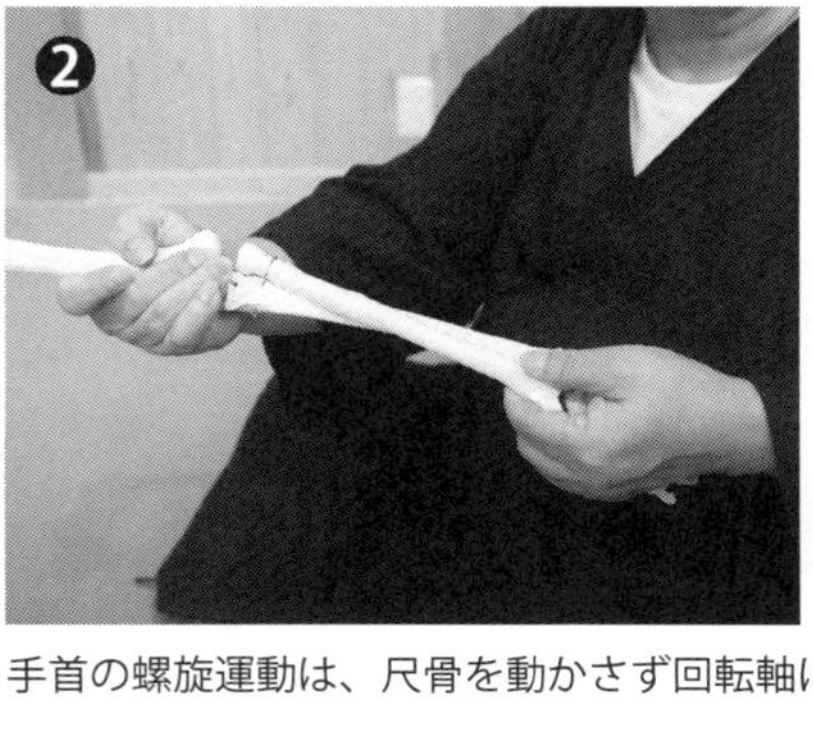

手首の螺旋運動は、尺骨を動かさず回転軸にして、橈骨を回旋させると力を出しやすい。

尺骨軸による橈骨の回旋で崩す

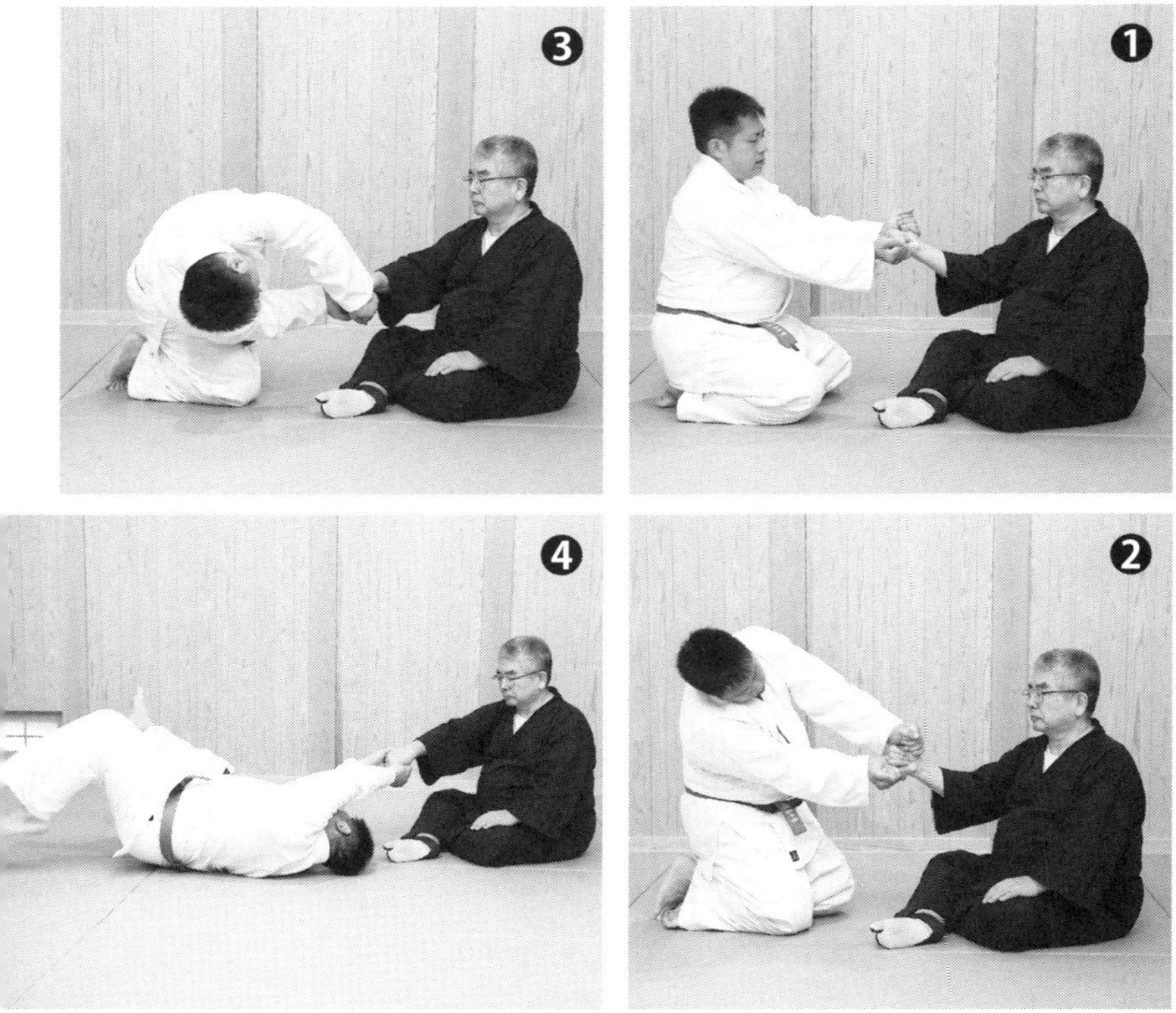

尺骨を動かさず回転軸にして、橈骨を回旋させる螺旋運動によって、スムーズに力を伝えられる。

では、橈骨軸運動というのはあるのでしょうか？　尺骨を固定しての回転は可能ですが、橈骨を固定して尺骨だけを回転させるのは不可能です。尺骨は尺骨関節で上腕骨と繋がっているので、必ず上腕骨がくっ付いて回る運動を伴います。つまり、どうしても上腕骨の回転運動にもなり、肩の螺旋運動となるのです。

なぜならその場合、上腕骨全体を回すのではなく、上腕骨の最上端の上腕骨頭を回すからです。それが肩関節の螺旋なのです。

実は、腕全体の運動は、常にこの手首の螺旋と肩の螺旋で組み立てられていて、逆に、螺旋を伴わない単純な直線運動は少ないのです。

足の場合、脛の螺旋が脛骨と腓骨の関係で、小手と基本的に同じと考えられます。大腿骨は鼠径部が大転子と腸骨の関係で、肩と同様のものです。

尺骨と橈骨

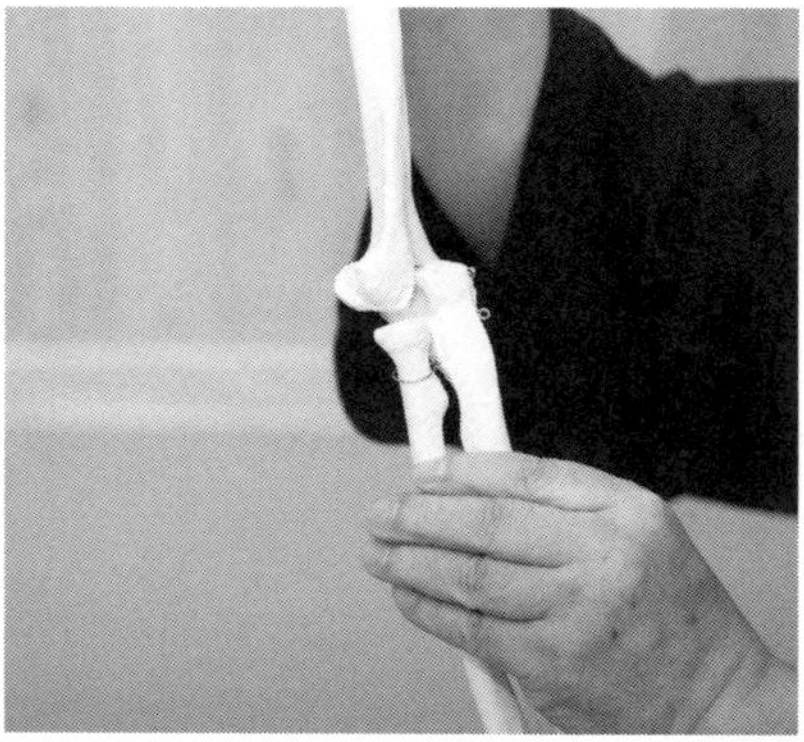

橈骨は上腕骨と繋がっていないが、尺骨は尺骨関節で上腕骨と繋がっている。

尺骨で上腕骨と肩を崩す

尺骨は橈骨と異なり上腕骨と繋がっているため、相手の尺骨を橈骨軸運動で回旋させることによって、上腕骨～肩まで崩すことができる。

振り向くときに臍の位置も動く

振り向く動作で、臍の位置も変わっている場合は、胴体の螺旋運動になっていない。

振り向くときに背骨だけをねじる

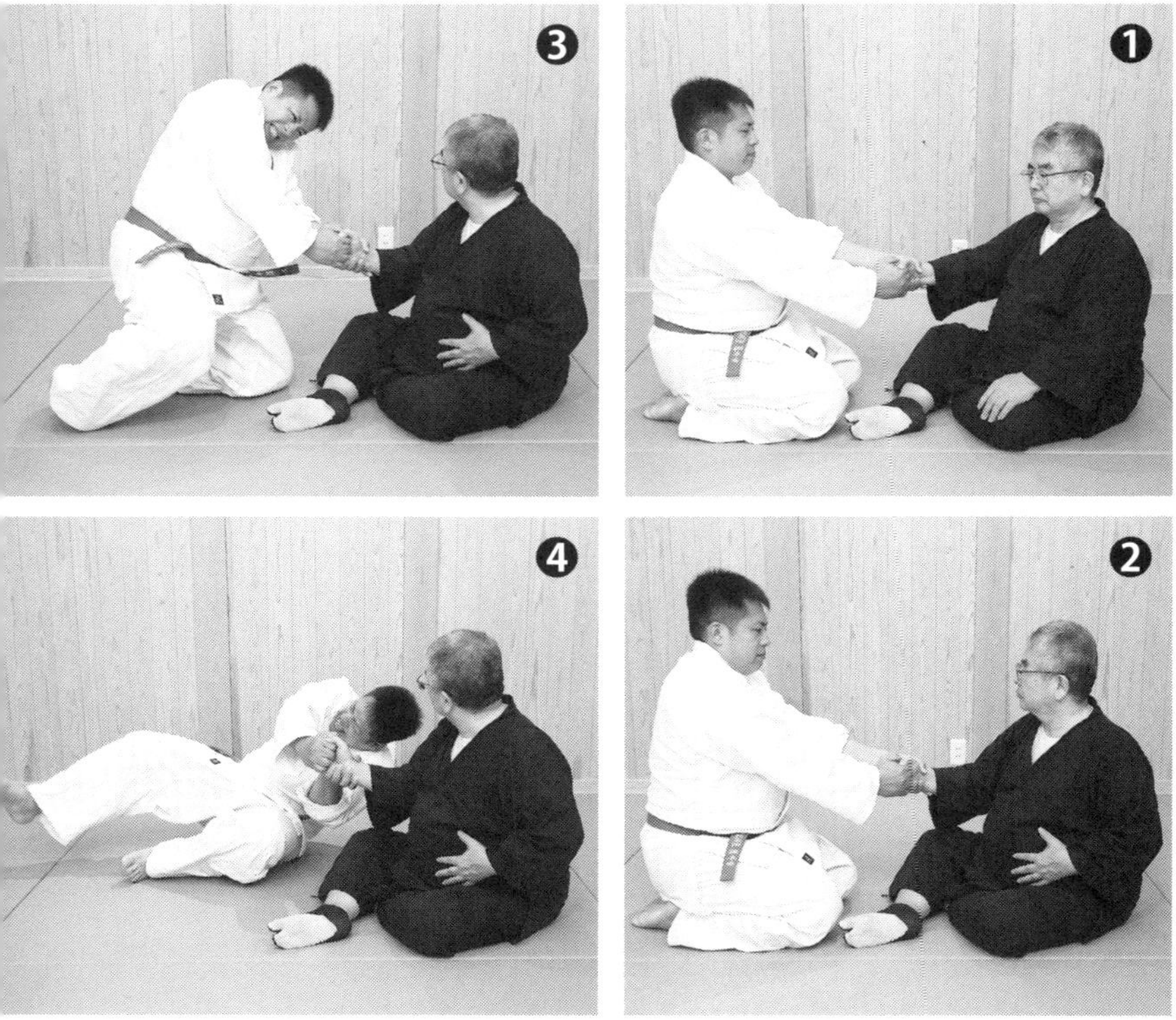

胴体の螺旋運動を使った振り向く動作では、肩や肋をねじらず背骨だけをねじり、力を作り出す。

最後に胴体です。例えば、後ろを振り向く動作は、肩か腰をねじっているだけで螺旋ではありません。なぜなら、臍の位置がねじった方向に変わっているからです。螺旋で力を出すなら、頚椎と胸椎の椎骨をねじり、肩はねじらない、あるいは胸椎と腰椎をねじる。つまり、肋はねじらず、背骨だけをねじることで螺旋を作ります。それにより力を作り出すのです。

浮身と浮腰、鎮身の方法とは

浮身、浮腰とは、自分の上半身と下半身の重心操作です。相手と繋がって、筋肉で押したり引いたりするのではなく、自分の重心を操作して相手を崩す、飛ばすなど様々なことができます。

当然、逆のこともできますが、鎮身《ちんしん》という表現などがそれにあたります。

胸の重心や腹の重心については先述しましたが、明確に認識できていない場合も多いと思います。

そこで重心という捉えにくい概念ではなく、身体のどこを動かせばよいのかという視点で語りたいと思います。

具体的に、まず浮身ではどこを意識し、どこを動かせばよいでしょうか？　実際に意識しやすいのは鎖骨です。

その鎖骨をどう引き上げればよいのか？　頭頂の位置を変えずにうなずく動作です。普通、うなずく動作をすれば頭の重心は下がりますが、頭頂の位置を動かさなければ頭の重心の位置が変わらず、繋がっているので、胸の重心が上がり相手の重心も上げられるのです。

つまり、踵を上げて背伸びするような押し上げる浮身ではなく、後頭部の頭頂を後ろに引っ張り上げられるように、水に沈めたピンポン玉がぷかりと浮かび上がるイメージです。よく「頭の毛を引き上げられる」というように語られるのが、この身体操作です。

一方、下半身は仙骨を引き上げる動きで、つま先立ちする運動になります。この場合も下半身で立ち上がるような運動ではなく、やはり引っ張り上げられるイメージです。

腹の重心が引き上がることによるバランスの揺らぎは、胸の重心を前に移動させることにより調整されます。

逆に、鎮身は膝を曲げて身を屈めるのではなく、腹の重心を下ろしていく作業です。膝を曲

鎖骨を引き上げて崩す

頭頂の位置を変えずにうなずく動作を行い、鎖骨を引き上げる。すると、胸の重心が上がり、相手の重心も上がる。

重心を真っ直ぐ下ろす

腹の重心をそのまま下ろすためには、頭と胸の重心も真っ直ぐ下ろすようにする。前屈みになってしまうと、体がそれを支えるために踏ん張り、体の質量が活用できなくなる。

げると前屈みになり、頭の重心も前屈みになります。そのため身体はそれを支えようと踏ん張り、自分の質量は相手に影響を及ぼしません。

そこで、腹の重心をそのまま下ろす際には、頭と胸の重心も真っ直ぐ下ろすようにします。女性が和服で立った状態から、そのまま正座で座るような運動です。

ぶつからない力を使う

相手と触れた手を押したり引いたりする際に力がぶつかるのは、ぶつかるように動かしているからです。

押し引きを小手や上腕で行う限り、手首の可動範囲や肘の可動範囲に動きが制限されるので、どうしても相手が予測可能な範囲でしか動かせていません。当然相手は予測して対応できるのです。

そこで肩も動かすようになりますが、先に小手か上腕を動かして、そのあとに肩を動かすのでは、やはり可動範囲はあまり広がりません。

そこで、小手と上腕の屈筋・伸筋を一切使わず「死に手」にして、肩をフリーにする形から、ローテーターカフや前鋸筋などを使って押し引きを行えば、ぶつからないのです。

攻撃する「柔術」、崩す「合気の術」、実戦技の「合気柔術」

鶴山先生は技術的にまとまりのない大東流を、柔術、合気柔術、合気の術、この三つにまとめました。

惣角は三種類それぞれの伝書は出していましたが、分類して体系立った教え方はしていませんでした。それを引き継いだ第一世代の教授代理たちも、きっちりと分類された体系は持っておられませんでした。

それぞれの伝書にあてはめて、これは柔術、これは合気の術、これは合気柔術と分類した技を伝承しているだけで、何が合気で柔術なのかという分類方法を示せていません。それゆえ、合気の定義があいまいになってきたのです。

鶴山先生が初めて、大東流を三つの技法に分類し、別々の理合いに基づいた技術であると示されたのです。

私はこれを、柔術は素肌剣術の一刀流の技術、合気の術は新陰流の甲冑剣術の技術をもとにして組み立てられたものであり、合気柔術はそれらを組み合わせたものだと理解しています。いわば、攻撃する柔術、崩す合気の術を理合いとして学び、合気柔術は実戦技法として使うものと考えています。

技術としては、柔術は筋肉を使い、合気の術は骨・靭帯・腱を使います。

合気柔術はそれらの混合ですが、一緒に使うということではなく、タイミングで技術を入れ替えていきます。柔術が効かなければ合気の術に、合気の術が効かなければ柔術にという具合です。つまり合気柔術は実戦用の方法です。逆に、柔術や合気の術は、稽古体系と言っても良いでしょう。

決して合気柔術という技法群があるわけでないので、私たちは「日本伝合気・柔術」と称しています。

強く共鳴を起こす合気の術

上半身のバランスは、両肩の肩鎖靭帯がローリングして揺らぐ、仙骨を支えにした出来の悪いヤジロベエです。

下半身は仙骨を中心にしたクランクシャフト構造です。そのため、ローリングと同時にピッチングを起こしやすいのです。

このように、両者の組み合わせは、下半身が動くたびにピッチングを起こし、上半身が自動的に揺らぐという宿命を負います。つまり、人間は動くたびに、上下が別々の振幅で揺れ動く動物なのです。そのため、他の動物以上にバランスを司る小脳が発達し、それが脳全体の容量を増やした原因だという学説もあるのです。

実際、バランスが整わない間は、小脳は大脳の言うことを聞かず、バランスの復元を最優先とするため、「虚」の状態が引き起こされるのです。

そこでバランスを崩すには、上半身ならば肩鎖靭帯を、下半身なら仙骨を攻めることになります。

それを合気の術で実現するためには、「共鳴」を使います。相手に「龍の口」で繋がっている状態で、自分の肩鎖靭帯や仙骨を操作します。

肩鎖靭帯では、上腕骨を動かさず肩甲骨か鎖骨を動かします。それにより自分の上半身のバランスが狂うので、繋がっている相手の上半身あるいは下半身がバランスを取ろうとして共鳴を起こし、崩れるのです。

下半身においても、仙骨が動けば当然、相手のバランスが崩れるので同様の効果が得られます。甲冑剣術は、この技術を利用して相手を崩し、勝ちを得ることができるのです。

この場合も、共鳴を強く起こさせるために、「静止」構造を作ることが大事です。ニュートンの揺りかごで述べたように、エネルギーの完全な伝達には、一部分の静止が必要です。

静止の技術で簡単な方法は、「接触点の静止」です。それは必ずしも空間内の位置の固定ではなく、接触点の環境を変えないということです。触れているところを押し引きしない、筋肉を使わない、使うのは靭帯か腱です。

特に靭帯は、それ自体が動くことはあまりなく、例えば手首の靭帯を意識的に固めれば、筋力で引くよりも大きな力を生み出します。また、肘と肩の靭帯を使って「受け」を行えば、か

肩鎖靭帯を操作して崩す

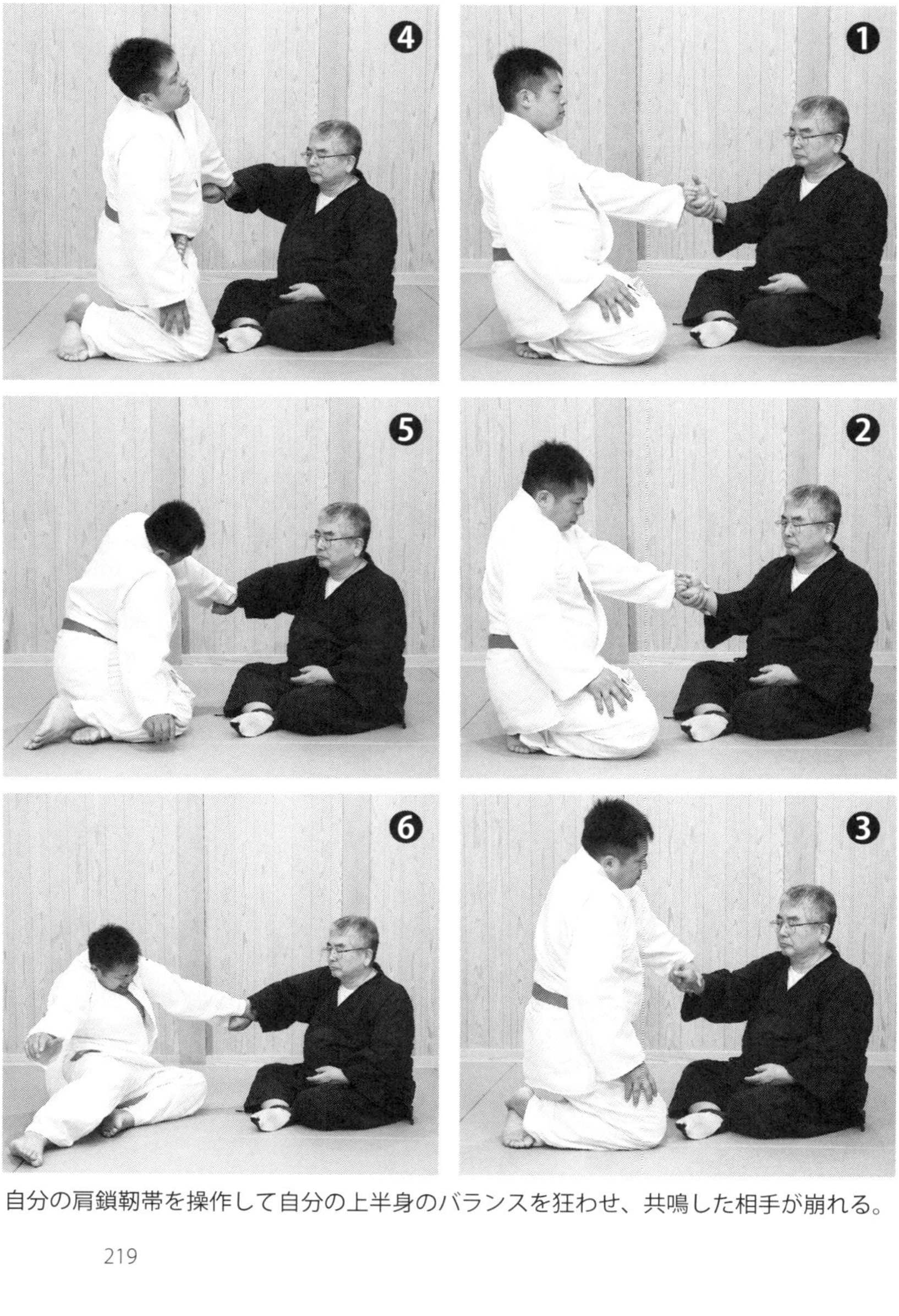

自分の肩鎖靭帯を操作して自分の上半身のバランスを狂わせ、共鳴した相手が崩れる。

7

8

9

接触点の静止

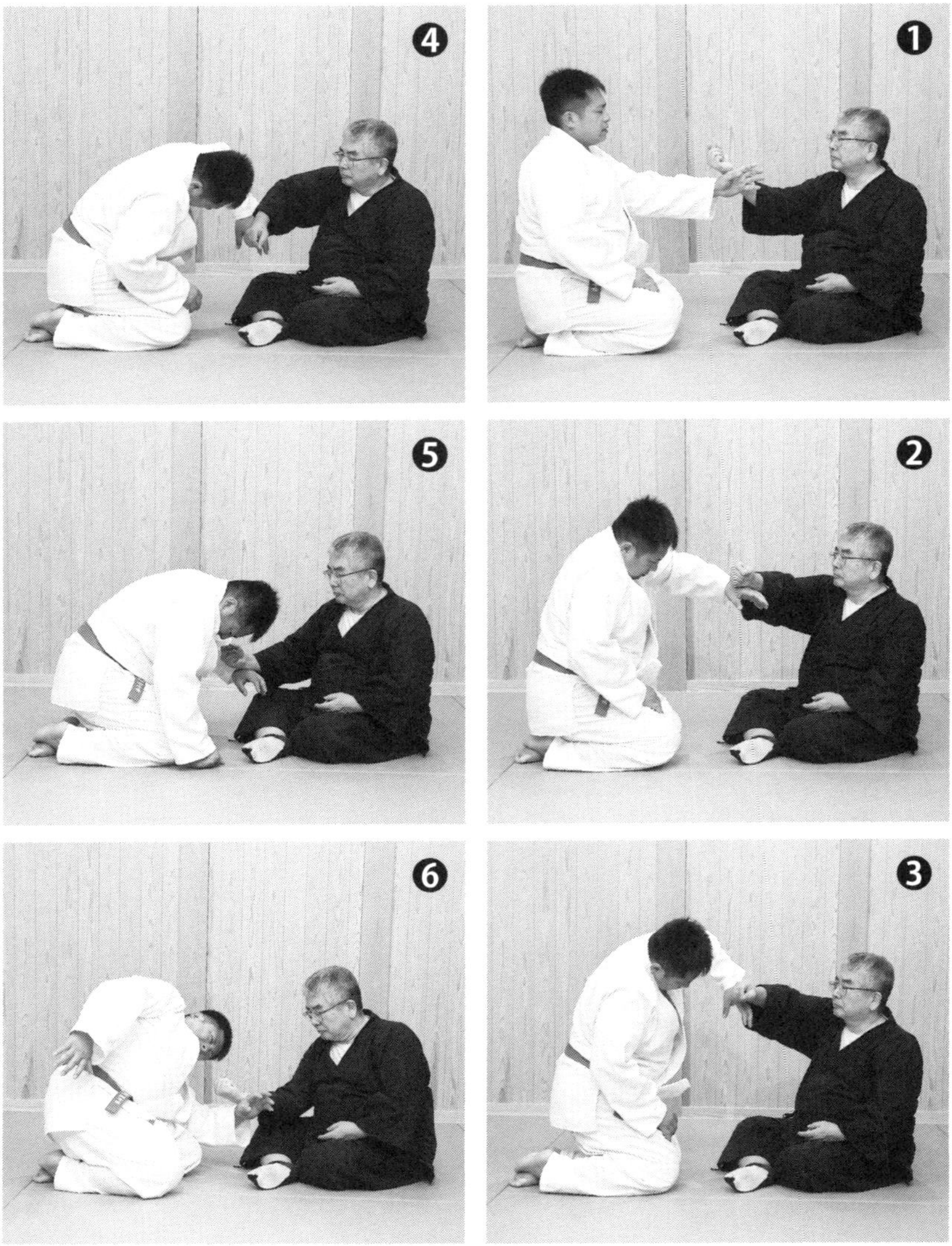

相手との「共鳴」を起こすには、接触点の環境を変えずに技を掛けるのがポイント。

なりの威力の攻撃も「受けきる」ことができ、空手の様々な受けも実用に使えます。
また、受けて押し返すのは、相手の手刀や刀ではなく、相手の肩鎖靭帯になります。

腕の重さ、抜きの技術を養う

よく「腕の重さ」を使うということを聞きます。実際に腕はかなり重く、いきなりあずけられると身体が傾くほどです。しかし、本当の意味で脱力してあずけられる人はほとんどいません。大半が小手、上腕、肩の三角筋の力を抜いて、脱力しあずけていると称しているだけです。腕の力を抜くのではないのです。ローテーターカフは腕全部を支えており、常時休むことがありません。横に寝ている状態でも、ローテーターカフは完全ではないにしても作業していきます。

だから例えば、手首を捕まれたり持ち上げられたりした場合、腕の力を抜いて相手に重さを乗せるには、腕ではなくローテーターカフのスイッチをオフにするのです。そうすれば、腕全体を支えている構造が一気に壊れ、重さがすべて相手に行きます。

その際には、その質量を相手の手のひらに乗せるのではなく、相手の手の指先に投げ出すように乗せると、相手は耐えられなくなります。

ローテーターカフは腕を支えているので、本当にオフにすると亜脱臼に近い状態になります。

腕の重さを乗せて崩す

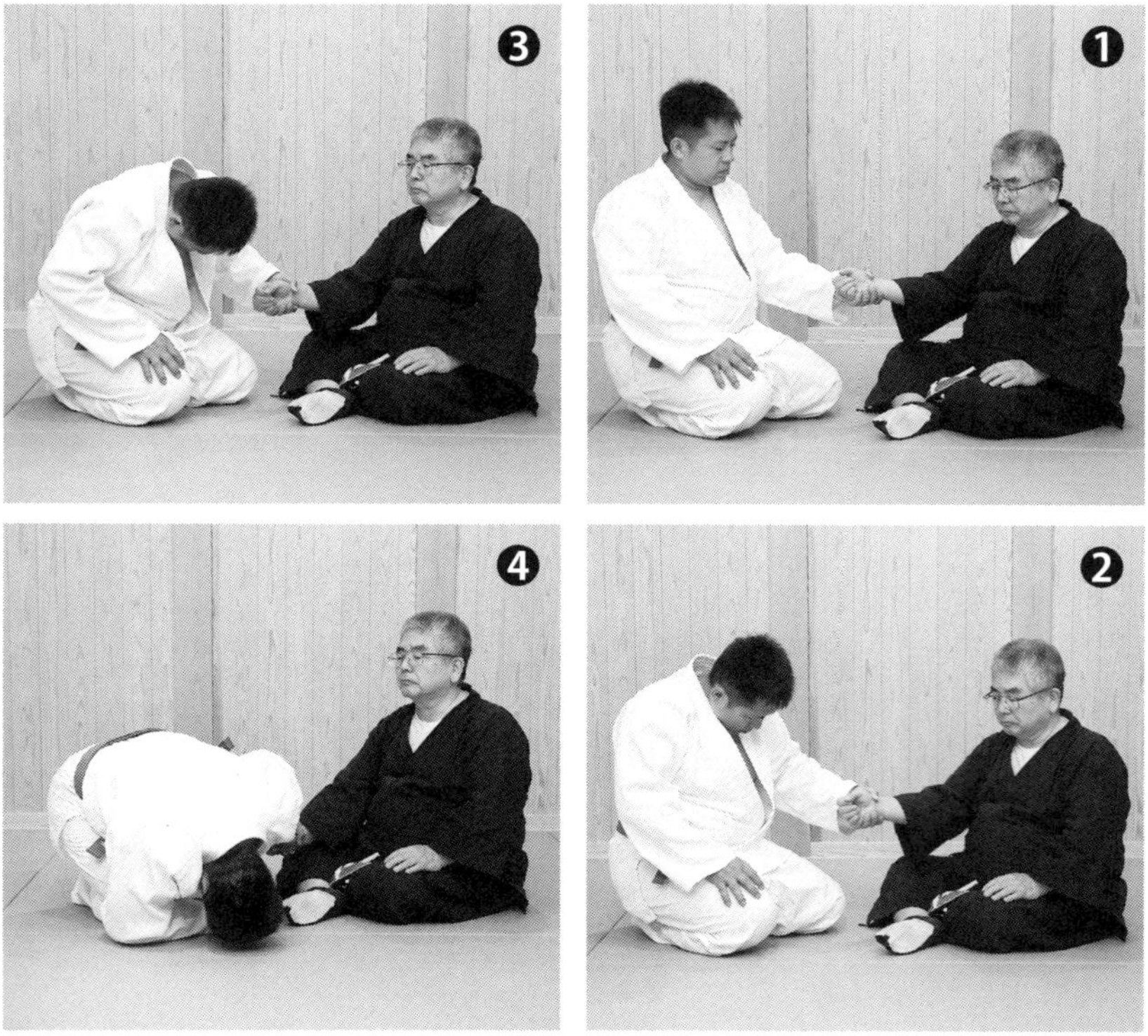

「抜き」の技術は、まずローテーターカフのスイッチを切って腕全体の重さを相手の指先にあずけて崩し、そしてローテーターカフの復元作業で合気を掛ける。

そのため身体はローテーターカフの腱の白い部分が急速に復元に動き、上腕骨頭を引き上げようとするのです。それで合気が掛かります。

つまり、いわゆる「抜き」の技術は、前半が腕の重さを相手の指の先端あるいは側面に乗せて崩す作業で、後半がローテーターカフの復元作業で合気を掛ける作業ということになります。

これをどう訓練するかです。それは、お風呂に浸かって、肩甲骨の力を抜く感覚で肩甲骨が下がり、自然にふわりと浮力で腕が浮かび上がるようになれば、その抜けていく感覚、つまり「抜力」が養成されます。

心理戦も含めて「平法」

日本伝大東流では、心理戦も含めて、兵法ではなく「平法」と称します。

それは例えば、新陰流の勢（型）が、青眼の構えで完全防御に徹底した体勢からわずかに隙を作り、それに呼応して攻撃してくる敵へカウンターを撃つという、「かけてつり」で相手を倒すような様々な方法に満ちているからです。

あるいは、宮本武蔵が五輪の書で記した「むかつかせること」などは、慌てさせたりイラつかせてこそ勝機が見出せるという心理戦です。巌流島で佐々木小次郎に「鞘を捨てたのは勝負を捨てたのと同じ」と言いがかりをつけ、平静を失った小次郎を討ち果たしたという、技術論として心理操作を語っています。

心理戦は、相手と触れ合う前にすでに始まっています。武蔵は「たけくらべ」という言葉で、自分と相手の力量を比べ、勝てる見込みのない勝負は避けると、はっきりと述べているのです。単純な力、速さ、技術の優劣だけではなく、総合力が勝負を分けますが、心理戦もその戦力のうちなのです。

第10章

護身術の本質とは

～武道も格闘技も護身術ではない～

護身術は体術ではなく考え方のこと

柔道や空手、あるいは合気道でも、護身術講座を開かれることがあるでしょう。それぞれの武術で一番難しい状況をどう処理するかという難題を、一度の講習で身につけようとさせますが、うまくいくわけがありません。

女性や子供に、大人の男性でも難しいことを護身術と称して教えるのは、ある意味無謀です。子供がそれを信じて大人と戦えると勘違いしたら、到底笑えません。

より効果的な護身術は、体術よりも武器術です。とはいえ、いわゆる護身道具もまた効果的ではありません。持ち歩くと軽犯罪法に触れるおそれがあるうえ、襲われたときに、あたふたバッグやポケットから取り出さなければならない催涙スプレーやスタンガンでは間に合わないのです。

護身用具になり得るものは手持ちのものでなくてはならず、かろうじて胸に金属製のボールペンを差しておいて、先端を出しておいてそれで突き刺せるようにしておくことです。

暴漢を取り押さえるためのステンレス製の刺股《さすまた》などが、学校や人出の多い施設に装備されて

ボールペンの護身術

金属製のボールペンは持ち歩いても問題がなく、いざというときはすぐ手に持ち、先端で突き刺して暴漢を制圧することができる。

いますが、何の役にも立ちません。元は江戸時代に自身番などに装備されていた「三つ道具」の一つですが、本来は棘《とげ》が飛び出ていたり返しがあったりと、かなり危険な武器でした。現代の刺股は、犯人を傷つけずに取り押さえるなどという意味ないことを前提としているので、素人が使えるものではないのです。

例えば、机や椅子でも、身は守れます。猛獣使いは椅子と鞭《むち》だけで猛獣を扱うのです。また、手っ取り早く、手近なものを投げつけるだけでよいのです。ものが飛んでくれば、人は払うかかわすしかありません。

もっと言えば、周りにあるものはすべて武器となります。武器がなくなって初めて、身につけた武術を使うのです。

また、最良の護身術は、警戒と逃走です。昔、秋葉原で起きた無差別殺人事件で、事前に「何か雰囲気がおかしくて現場から離れた」という人が何人もいたのです。第六感というのは簡単ですが、やはり動物としての警戒能力が働いた結果です。事が起きる前に、自分の警戒能力を重視したほうがよい、という証拠だと言えます。

その意味で、事前の警戒で言えるのは、例えば非常時の逃走経路は非常口ではない、ということです。ホテルなどで非常口をあらかじめ確認しておくのは常識ですが、火事の現場ではだいたいそこで皆が折り重なって焼け死んでいます。逃げ出す人が集中するからです。一つの退避路だけでなく、複数の選択を用意することが必要でしょう。

自分で防御するだけではなく、周りに働きかけて生き残らなければなりませんが、助けを求めて街中で叫ぶ言葉は「助けてー」ではなく、「火事だー」が良いでしょう。「助けてー」だと他人事なので見捨てられてしまいますが、「火事」だと自分にも関わることなので見捨てられることが少ないのです。

また襲われたときに叫ぶとしたら、大声で「人殺しー」と叫ぶことです。命に関わることだと、さすがに注意を引くのです。私は子供や女性に護身術を教える際には、まず大声で叫ぶことを教えます。

武道と武術は似て非なるもの

日本人は「～道」が好きなようです。行き過ぎると「ラーメン道」などというわけがわからないものまででき上がります。美味いラーメンを作るのに、なぜ修行のように求道家の道を進むのでしょう？

新幹線や羽田空港の掃除人に感激する日本人は、海外標準でいうと「変態」です。それは短時間で見違えるほどにきれいにする技術を「匠《たくみ》」と認め、その匠に憧れるからなので、やはり日本人は「道」が好きなのだと思います。

そして単なる人殺しの技術であるはずの武術に道を求め、武道にします。つまり武道は修業が目的なのです。それに対し、武術は生き残りが目的です。戦場で生き残るための戦闘術が武術です。そこには卑怯とか汚いとかはありません。

武術はリアルなものです。武道は精神性を求めます。修行だからです。道を外れるものは、外道となります。武術に道はありません。実用的かどうか、効果的かどうか、使いやすいかどうかです。

護身術はリアルでないと役に立ちません。ですから護身術は武道ではなく、武術として稽古しないといけません。

column

◎武術家は正座しないとダメ？

武道で座る場合は、正座をすると思われています。しかし、武士といえども正座（当時は跪坐《きざ》と言いました）が正式な座り方になったのは、徳川家光の時代です。それは、家光が暗殺を恐れたあまり、座り方をそれまでの胡坐《あぐら》から、跪坐に変えさせたからです。

正座、跪坐は本来、武術とは関係なく、単なる礼法の範疇です。中国の春秋戦国時代に、王様や貴族が暗殺防止のため作り出した座り方です。

正座すればわかりますが、本来は楽ではない座り方です。長時間正座していると足が痺れてしまうのは、正常な座り方ではなく、強制的なものだからです。長時間正座をできる人は、訓練してできるようになっているだけです。

臣下や客にそういう座り方をさせていれば、相手が害意を持って襲おうとすれば、あぐらと比べると立ち上がるのに余分な動きと時間も掛かります。周りの衛兵からすれば、すぐに気づいて迎撃する時間ができます。

暗殺者であれば、そういう状態から襲うための立ち上がり方が必要になりますが、武術家すべてがそうなる必要はありません。

戦場で戦う武者は、足が痺れないように武者座りの形か胡坐で座っていました。正座は礼法の中で生まれたもので、本来は武術家とは関係ないものです。「道を行く者」である「武道家」には必要かもしれませんが、実利を追求する「武術家」には不必要なものと考えています。

武田惣角は、胡坐を「ぶたあぐら」と呼び蔑んでいたと言われます。それは、本来は武士身分ですらなかった惣角による、武士へのひがみではなかったかと思われます。

武術的に言えば、正座は重心が上に上がって不安定になりやすく、戦う姿勢としてはふさわしくありません。正座してもなお十分に戦える状態に鍛えるという意味はありますが、現代の戦闘技術としては意味を失っています。

下半身の重心や軸の意識を育てるために、私の会では正座は強制しません。正座の分、余計なことをしていますから、無駄になります。

また、やむを得ず椅子に座った状態で戦う必要もありません。不利な姿勢で戦うのではなく、防御しながらいち早く立ち上がり、不利な状態から脱することを優先すべきです。

現代では、子供に武道を習わせる親御さんは、武道だけでなく礼儀作法も教えてくれることを期待します。武道なら良いかもしれませんが、武術は生き残りの術です。礼儀作法などは関係ありません。

礼儀などは本来は親がしつけるべきことですし、親の責任です。習いたければ礼儀作法の教室に通わせてください。

武道と違い、武術は道を求めません。精神論は「心法」として心理誘導に使うだけです。精神性を大事にする「道」は、最終的には相打ちにたどり着いてしまいます。術は純粋に生き残りの手段なので、どうすれば負けないのかにたどり着きます。

礼儀のために無用な正座での戦闘方法を学ぶなど、本末転倒だと思いませんか。

同種格闘技戦は護身術にはならない

護身術に必要な本当の戦いは、異種格闘技戦が本質です。逆に、同種格闘技戦である試合は、本質がスポーツにすぎません。いくら試合用のテクニックを学んでも、実戦ではあまり役に立ちません。

そもそも試合とは、その武道のテクニックの上達具合を比べるためのものであり、勝ち負けが目的ではないはずですが、いつの間にか変わってしまいました。

そのため武道本来の戦い方ではなく、試合用の技術が主になっています。そのため、他の武道との戦い方はあまり重要視されていません。私が昔に学んだ極真空手も、普通の武術が試合用の空手を学ぶ場所になっていったような気がします。

ということは、護身術を身につけるなら、一つの武道に打ち込むより、いろいろな武術を学ぶべきです。そしてその中の他の武術と戦う技術を学ぶのが近道かもしれません。

そういう意味では、合気道に試合がないのはうなずけます。柔道は完全に試合に特化している武道かもしれません。空手も試合が広まって以来、変わってきています。剣道はまったく剣術とは別の武道です。

今、日本でも新しく流行っている外国発祥のシステマやクラヴマガなどは、徹底的に護身を中心に考えられています。戦場武術としてではありません。どちらが優れているという問題ではありません。状況に合わせたものになっている、という意味です。

格闘技は、それぞれが想定する状況では強くなれますが、生き残るための護身術としては必ずしも効率的ではない場合もあります。また、相手が武器を持っている場合には使えないことも多いのです。格闘技と護身術は、本質的に違うものと思われると良いでしょう。

実戦では、相手の攻撃手段が何なのかわかりません。現代の試合は同じ格闘技術を使う同種格闘技戦ですが、実戦ではまずそんなことはないのです。

大相撲にしても、プロボクシングにしても、プロレスにしても、興行です。また、武道の試合も、柔道、空手などそれぞれが同じ土俵で戦いますが、実戦ではそのようなことは珍しく、異種格闘技戦が普通です。

護身術というなら、まず異種格闘技の技術を知ることが必要です。だから「武芸十八般」という言葉が出るのです。ただすべてを完璧に修める必要はないのです。相手の持っている武器次第で自分の構えが変わる、初動動作で相手の身につけた技術の類推ができる、その程度のことが自らの生命を守るのです。

どんな場面でも、徒手空拳よりも武器術が有利

我々は、空手や柔道、合気道など徒手空拳の技を学びます。しかしそれらには柔道を除き、外伝として武器術を学びます。それが戦うには有利だし、それに対応するすべを学ぶにも必要だからです。

今、平和な日本では武器になりやすい刃物は銃刀法で携帯に制限があるので、それを使ってどう戦うかを学ぶことが難しい状況にあります。

しかしニュースを賑わす事件では、当たり前のように刃物が出てきます。突発的な喧嘩でなければ、命や財産を脅かされる可能性のある仮想敵は、まず刃物なのです。

刃物を見ただけで人は生命の危機を覚え、身がすくみます。練習のときの半分も身体が動きません。護身を学ぶなら、まず対刃物の技術を学ばなければならないのです。刃物に対応できるようになれば、他の攻撃にはだいたい対応できるようになります。

ではどのようにして刃物に対応できるようになるのでしょう。まず刃物を普通に扱えるようになりましょう。どうすれば刺せるのか、どう動かせば切れるのか。どう握れば扱えるのか。

それがまず第一歩です。敵を知らなければ対応できません。

今の親は子供に刃物を持たせません。危ないからと子供から取り上げます。法律では6センチを超える刃物は銃刀法違反となります。板前が包丁を持ち歩いていて、捕まるくらいです。世界でも異常な事態ですね。

安全のためということなのですが、常時安全な日常なんてあり得ません。危険な非日常があるから護身が必要になるのです。生活に必要な刃物を子供の頃から扱わせて、その長所とリスクを学ばせることが大事です。

例えば、刃物を持つと、それに囚われるようになります。心理的に刃物が攻撃手段として限定されます。刃物を持ってなお、それを牽制手段にしか使わず、別の攻撃手段を選ぶような相手は、セミプロ以上です。そんな相手はすぐわかります。さっさと逃げましょう。

日本で通常、手に入る刃物だと、攻撃は「刺す」か「切る」に限定されます。刃物を鈍器として使うようなことは、戦場でしか起こらないといって良いでしょう。投げナイフなどは刺す動作の延長です。

そう考えるだけで、攻撃手段が限定されていることに気づきます。何でもありの攻撃ではなく、限定された攻撃に対する防御・反撃を考えれば良いのです。

さらに、動き自体も読みやすくなるのです。実際に刃物を持って有効な攻撃は、かなり限定的です。だから刃物を持って稽古しないといけないのです。攻撃方法を知ることで、防御行動を生み出せるのです。

突く運動は、殴る運動と軌道が似ているため、パンチの線運動をかわす運動が必要です。切る運動は半円運動なので、その軌道面から逃げる運動が必要です。

このような基本的なことを学ぶと、対処方法が見えてきます。上下左右、どう切り付けてくるのか、どう突いてくるのか、どう切り返してくるのか、いろいろなパターンを覚えないと対応もできません。

すると、相手の初動部分で、どうするつもりなのかがわかります。意図がわかれば、どうよけるのかがわかります。技を掛けられるのはその後です。かわすあるいは止めることができないうちは、技など掛かりません。まずは初撃（最初の攻撃）をかわせることが基本なのです。

身の回りのものを武器化する

このように、武器に対しては十分に対応策を磨かなければなりません。これは、武器がいかに戦いにおいて有用かということを示しています。護身術も同じです。しかし、日本では刃物は携帯自体が困難ですし、いざというときにすぐ使えるのかという問題があります。

これは、刃物はある程度の長さがないと有効でないという思い込みが原因です。魚を捌いたり、肉を切ったりする包丁をイメージしがちですが、西洋料理でコックの使うペティナイフを考えれば、それほど長さは必要ありません。

いわゆるサバイバルカードなどは、刃物部分は1センチもないのに、十分ナイフとして使えます。また、ボールペンの先はダイヤモンドの

サバイバルカード

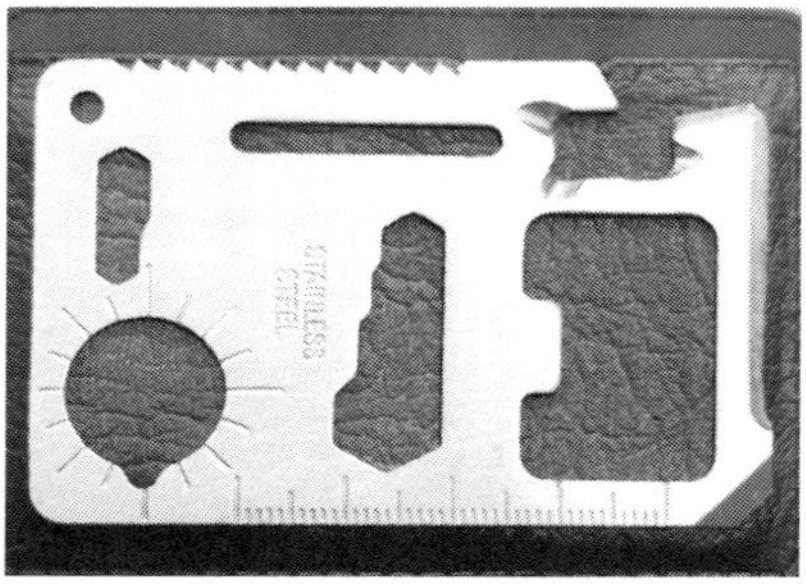

カード状でコンパクトながら、多機能ナイフとして、缶切り、栓抜き、ドライバー、定規など様々な用途に使える携帯ツール。

ように硬いともいわれます。うまく使えば錐《きり》や千枚通しと変わりません。

それほど尖ったものでなくても、金属部分がついているハンドバックを的確に振り回せば、星球武器（モーニングスター）とさほど変わりません。

靴を脱いで片手にはめ、片手にもう一足を構えれば、もう盾と棍棒を持っているのと同じです。今の靴なら、靴底やかかと部分はかなり頑丈で、盾や棍棒になりうる強度を持っています。人は何も持たない状態から、盾になるものや棒を持てば非常に心強くなり、戦えるのです。

ベルトも外して振り回せば鞭になります。わざわざ防犯用具を持たなくても、私たちは常時武器に近いものを携帯しているのです。それをどう使えば武器として使えるか、を考えて習熟すれば護身術となります。

モーニングスター

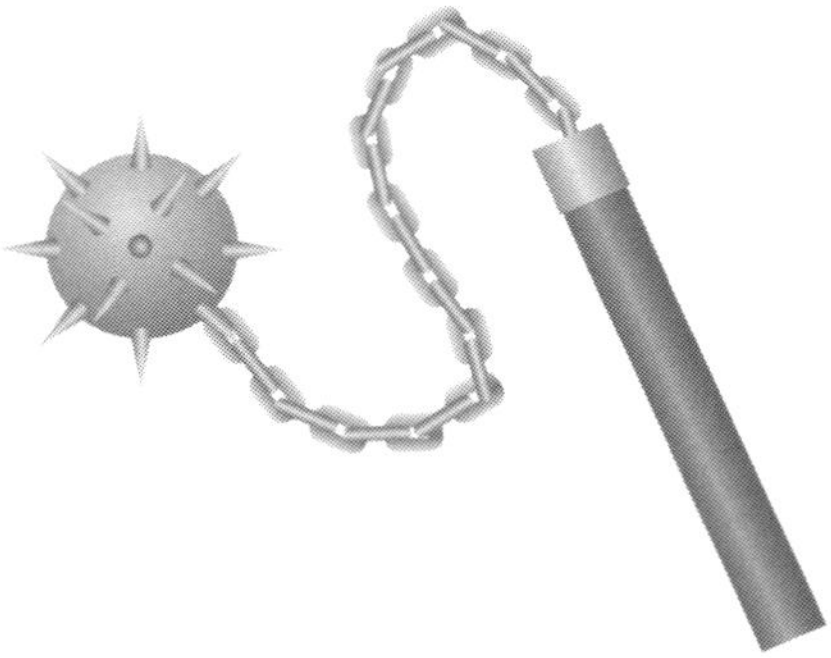

中世ヨーロッパの武器としてイメージされるモーニングスター（星球武器）の一種。

護身術とは武道を学ぶことでもなく、護身用の器具を持ち歩くことでもなく、考え方なのです。身近にある携帯品をどう使えば護身具として使えるのか、もう一度見まわしてみてください。

おわりに

さて、いろいろと面倒くさい術理を述べてきました。感覚論だけで語られることの多い合気の世界ですが、このままでは消滅していくしかないという不安で、この書を記しました。

余計にわからなくなった、というご批判もあると思います。それについてはＤＶＤやYouTubeの映像を見ていただくか、実際に体験していただくのが一番です。「百見は一触にしかず」なのです。

合気は、見るだけではなかなか理解できませんが、触れれば体感できます。ただ体感しても理屈がわからないのです。その理屈をこの本で読んでいただき、少しでも理解してください。

体感するには稽古会や講習会があります。開催内容はホームページに記載してありますので、ご参考にしてください。

「日本伝合気柔術（大東流三大技法）」 http://www1.ttcn.ne.jp/~nihonden-hakkei/

本眞正伝合気柔術・岡本会代表　　岡本 眞

著者◎岡本 眞　おかもと まこと

本眞正伝合気柔術・岡本会代表。はじめ、フルコンタクト空手などを経験の後、日本伝合気柔術と出会い、入門。「合気の術」の本質と原理を独自に追求し、人体構造から解析。その明快な指導が、流派・門派を問わず多くの愛好者から支持され、信頼を得ている。近年には、YouTube で「岡本眞の合気柔術チャンネル」を開設、解明した術理を惜しげなく公開している。指導・監修 DVD『合気の「なぜ」？』、『合気の理由（わけ）』（共に BAB ジャパン）が共にベストセラー作品となっている。

本文デザイン ● 澤川美代子
装丁デザイン ● やなかひでゆき
写真撮影 ● 中島ミノル

合気の答え

不思議なワザが解剖学や力学でわかる！

2025 年 3 月 5 日　初版第 1 刷発行
2025 年 7 月 20 日　初版第 2 刷発行

著　者　　岡本眞
発行者　　東口敏郎
発行所　　株式会社 BAB ジャパン
〒 151-0073 東京都渋谷区笹塚 1-30-11　4・5F
TEL　03-3469-0135　FAX　03-3469-0162
URL　http://www.bab.co.jp/
E-mail　shop@bab.co.jp
郵便振替 00140-7-116767
印刷・製本　　中央精版印刷株式会社

ISBN978-4-8142-0698-8 C2075